曹薰铉、李昌镐精讲围棋系列

李昌镐围棋研究室 —— 编著

精讲围棋手筋 ❸

化学工业出版社
·北京·

图书在版编目（CIP）数据

精讲围棋手筋.3/李昌镐围棋研究室编著.—北京：化学工业出版社，2020.7
（曹薰铉、李昌镐精讲围棋系列）
ISBN 978-7-122-36745-7

Ⅰ.①精… Ⅱ.①李… Ⅲ.①围棋-对局（棋类运动）Ⅳ.①G891.3

中国版本图书馆CIP数据核字（2020）第078516号

责任编辑：史 懿　　　　　　　　　　　　装帧设计：刘丽华
责任校对：宋 玮

出版发行：化学工业出版社（北京市东城区青年湖南街13号　邮政编码100011）
印　　装：大厂聚鑫印刷有限责任公司
710mm×1000mm 1/16　印张12　字数180千字　2020年9月北京第1版第1次印刷

购书咨询：010-64518888　　　　　　　　售后服务：010-64518899
网　　址：http://www.cip.com.cn
凡购买本书，如有缺损质量问题，本社销售中心负责调换。

定　　价：49.80元　　　　　　　　　　　　版权所有　违者必究

手筋——围棋之花

很多围棋爱好者常有这样的感叹,自己的布局下得还不错,但中盘不知什么原因,下得一塌糊涂,对此感到十分茫然。《精讲围棋手筋》正可以解决广大爱好者的这一苦恼。

"手筋"是指在围棋的局部战斗中,可以最大限度地发挥棋子效率的技术,因而有"围棋之花"的美誉。如果不能正确掌握围棋手筋这一技术,根本无法与对方进行复杂的战斗。

布局暂告一段落后,双方即进入了中盘的战斗。进入中盘后,很多围棋爱好者都比较喜欢局部的拼杀,而职业棋手则有更强的全盘作战欲望。不夸张地说,对围棋手筋的掌握和利用,是取得中盘战斗胜利的秘诀。

《精讲围棋手筋》共六卷,其中前两卷针对初级水平的读者,后四卷适合中高级水平的读者。每卷收集了120余个问题,并配以详尽的解说。各位读者通过循序渐进的学习,不知不觉中可以发现自己的棋力已有了明显的进步。

2020 年 5 月

围棋是中国的国粹，它能启发智力，开拓思维，是一项非常有益的修身养性的娱乐活动。成人通过学习围棋，可以培养自己良好的心境和大局观；儿童通过学习围棋，可以培养耐心，提高专注力，锻炼独立思考能力，挖掘思维潜能。学习围棋对课业学习也有十分明显的帮助。

那么如何学习围棋？如何学好围棋？什么样的围棋书才能更有针对性地提升棋艺水平？

韩国棋手曹薰铉、李昌镐不仅是韩国围棋的代表人物，在国际棋界也有举足轻重的地位。我们经与曹薰铉、李昌镐本人直接接洽，使得本系列书得以顺利出版。

本系列书包括定式、布局、棋形、中盘、对局、官子、死活、手筋共8个主题，集曹薰铉、李昌镐成长经验和众多棋手的智慧于一体，使用了韩国职业棋手的大量一手资料，其难度贯穿了围棋入门、提高、实战和入段等各个阶段，内容覆盖了实战围棋各个方面，是非常系统且透彻的围棋自学读物。

《精讲围棋手筋》详细讲解了手筋在吃子、对杀、攻击、防守、死活、官子等围棋各个阶段中的应用，例题丰富，循序渐进，以引导和启发为出发点，着重培养围棋爱好者的学习兴趣和思维方式，重视第一手感觉的培养，强调实战应用。

本书由陈启承担资料翻译、整理工作，由石心平、范孙操负责稿件审校，并得到曹薰铉、李昌镐围棋研究室众多成员的大力协助，在此对他们的辛勤劳动表示诚挚的感谢。

衷心希望广大围棋爱好者能通过学习本书迅速提高棋力，并由此享受围棋带来的快乐。

编著者
2020年3月

第 1 章 棋子的联络

问题 1 1
问题 2 1
问题 3 4
问题 4 4
问题 5 7
问题 6 7
问题 7 10
问题 8 10
问题 9 13
问题 10 13
问题 11 16
问题 12 16
问题 13 19
问题 14 19
问题 15 22
问题 16 22
问题 17 25
问题 18 25
问题 19 28
问题 20 28
问题 21 31
问题 22 31
问题 23 34
问题 24 34
问题 25 37
问题 26 37
问题 27 40
问题 28 40

第 2 章 断的应用

问题 29 43
问题 30 43
问题 31 46
问题 32 46
问题 33 49
问题 34 49
问题 35 52
问题 36 52
问题 37 55
问题 38 55
问题 39 58
问题 40 58
问题 41 61
问题 42 61
问题 43 64
问题 44 64
问题 45 67
问题 46 67
问题 47 70
问题 48 70
问题 49 73
问题 50 73
问题 51 76
问题 52 76
问题 53 79
问题 54 79
问题 55 82
问题 56 82

问题 57 85
问题 58 85
问题 59 88
问题 60 88
问题 61 91
问题 62 91
问题 63 94
问题 64 94
问题 65 97
问题 66 97
问题 67 100
问题 68 100
问题 69 103
问题 70 103
问题 71 106
问题 72 106
问题 73 109
问题 74 109
问题 75 112
问题 76 112
问题 77 115
问题 78 115
问题 79 118
问题 80 118
问题 81 121
问题 82 121
问题 83 124
问题 84 124
问题 85 127

第 3 章 腾挪、治孤

问题 86 129
问题 87 129
问题 88 132
问题 89 132

问题 90 135
问题 91 135
问题 92 138
问题 93 138

第 4 章 官 子

问题 94 141
问题 95 141
问题 96 144
问题 97 144
问题 98 147
问题 99 147
问题 100 150
问题 101 150
问题 102 153
问题 103 153
问题 104 156
问题 105 156
问题 106 159
问题 107 159
问题 108 162
问题 109 162
问题 110 165
问题 111 165
问题 112 168
问题 113 168
问题 114 171
问题 115 171
问题 116 174
问题 117 174
问题 118 177
问题 119 177
问题 120 180
问题 121 180
问题 122 183

第1章

棋子的联络

问题 1 ▶▶

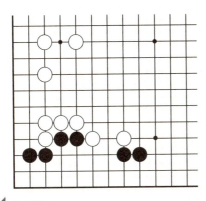

问题图

黑先。棋与棋之间的相互联络是围棋基本功之一。但这并不意味着棋子与棋子之间就要紧紧贴在一起。现在请问黑棋之间应如何联络?

问题 2 ▶▶

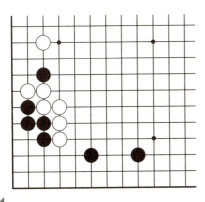

问题图

黑先。本题同样是棋子的联络问题。黑棋在考虑问题时,如发现直接联络不能成立,不妨迂回一下。那么请问黑棋应如何下?

问题1解说

图1 正解

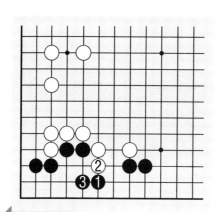

图1 正解

黑1飞是正确答案。白2时,黑3补棋即可。

图2 变化

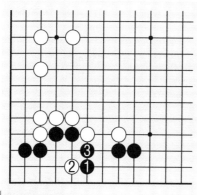

图2 变化

黑1时,白2如果搭,黑3可以顶,白损。

图3 失败

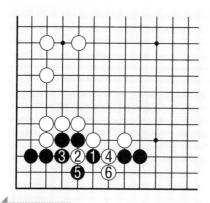

图3 失败

黑1扳,由于白2断打的存在,黑被分断。黑3如果连接,白4打吃,黑5提子时,白6立,黑棋失败。

问题 2 解说

图 1 正解

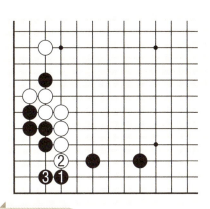

图 1 正解

黑 1 飞是正确的，由此可以确保联络。白 2 顶时，黑 3 退是要领。

图 2 变化

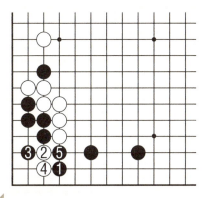

图 2 变化

黑 1 时，白 2 如果扳，黑 3 也扳，至黑 5，白棋不行。

图 3 失败

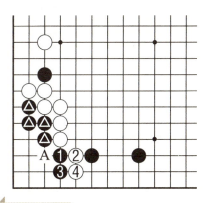

图 3 失败

黑 1 操之过急，白 2 挖可以成立，黑 3 时，白 4 贴。其中黑 3 如果下在 4 位打吃，白棋在 A 位断后，可以吃住黑△四子。

问题 3 ▶▶

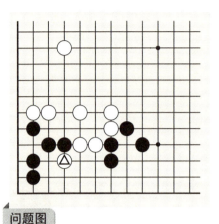

问题图

黑先。由于有白△子的存在，黑棋的联络或许有些障碍。但黑棋完全可以避开这一障碍，确保左右联络。那么请问黑棋如何下才是正确的？

问题 4 ▶▶

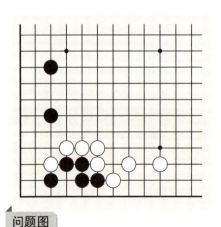

问题图

黑先。黑棋在考虑本题时，不要过于简单化，否则会遭到白棋的反击。那么请问黑棋如何下才是正确的？

问题3 解说

图1 正解

黑1飞是正确的,白2必须连接,黑3则渡过。

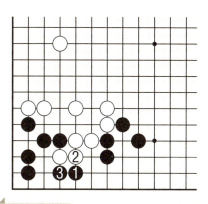

图1 正解

图2 变化

黑1时,白2如果跨,黑3、5应对后,白棋不行。

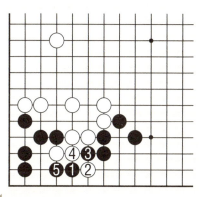

图2 变化

图3 失败

黑1断是初学者的下法,白2打吃,黑3长,白4跟着长,黑棋失败。

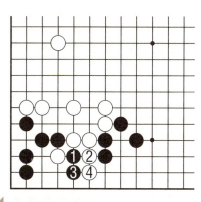

图3 失败

问题 4 解说

图 1 正解

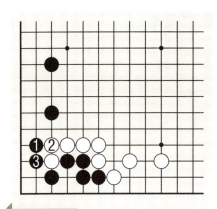

图 1 正解

黑 1 飞是正确的，白 2 连接时，黑 3 渡过。

图 2 失败

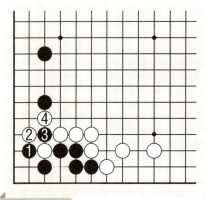

图 2 失败

黑 1 打吃，希望白棋在 3 位连接，然后黑棋在 2 位渡过，但白 2 可以进行抵抗，至白 4，双方下成打劫，黑棋失败。

图 3 失败继续

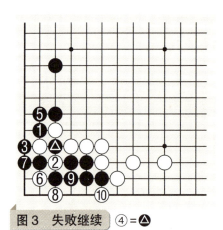

图 3 失败继续　④=▲

黑 1、3 看起来可以渡过，但白棋利用角的特殊性，白 6 至白 10 进行后，黑棋难免一死。

问题 5

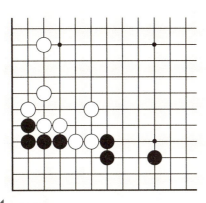

问题图

黑先。黑棋在本题中如何下才能左右联络?

问题 6

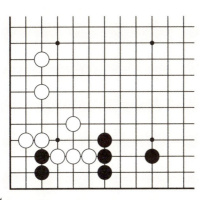

问题图

黑先。本题中左右黑棋相互间距离较大,黑棋应如何下才能联络?

问题5 解说

图1 正解

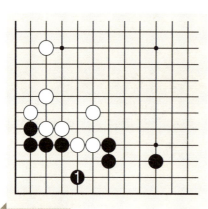

图1 正解

黑1飞是联络的手筋。

图2 失败1

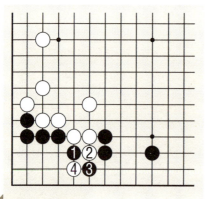

图2 失败1

黑1扳是自杀的行为,白2、4冲断后,黑棋已无法收拾。

图3 失败2

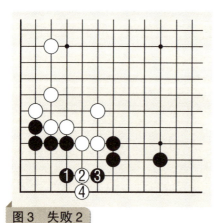

图3 失败2

黑1单跳,白2、4同样可以切断,黑棋仍然不能联络。因此本题中的2位是黑棋联络的急所。

问题6 解说

图1 正解

黑1尖是联络的急所。至黑5，白无法断开黑棋。

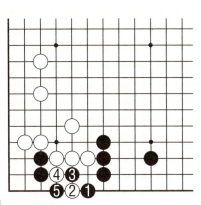

图1 正解

图2 失败

黑1虽位于左右对称棋形的中央，但白2、4两靠后，可以切断黑棋。

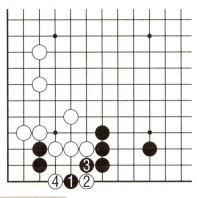

图2 失败

图3 变化

黑1时，白棋应该注意，如果先白2靠，则会产生黑3以下至黑7的变化。这个结果是黑棋可在角上做活，白棋不满。

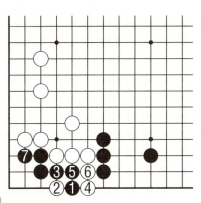

图3 变化

问题 7 ▶

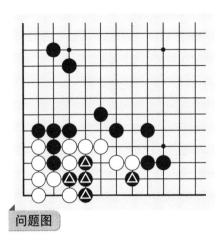

问题图

黑先。如果黑▲子之间联络不好，黑棋将会落入被连续打吃的陷阱。那么请问黑棋如何下才能避免厄运？

问题 8 ▶

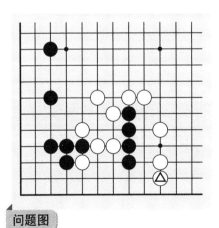

问题图

黑先。大家如果认为本题已在前面出现过，那将是错觉。黑棋在考虑问题时应充分注意到白▲子的存在。那么请问黑棋应如何下？

问题 7 解说

图 1　正解

黑 1 尖是避免被连打的手筋，也是黑棋联络的唯一方法。

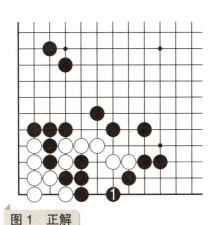

图 1　正解

图 2　正解继续

黑 1 时，白 2 如果挤，黑 3 连接即可。其后白 4 打吃，黑 5 可以连接。但黑 3 如果下在 4 位或 5 位都不行，这一点大家应该注意。

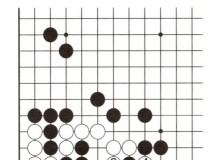

图 2　正解继续

图 3　失败

黑 1 错误，白 2 挖，以下至白 6，黑棋非常狼狈。

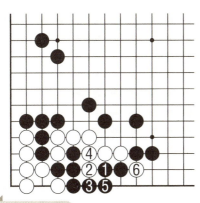

图 3　失败

问题 8 解说

图 1　正解

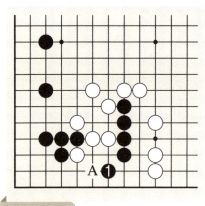

图 1　正解

黑棋在 A 位飞肯定不能成立，而黑 1 尖才是正确的。但黑 1 下后，说黑棋安定还为时过早。

图 2　正解继续

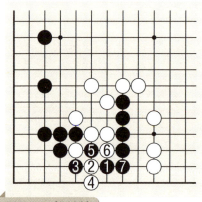

图 2　正解继续

正解中所说的黑 1 后还未安全，是指白棋有白 2 的手段，结果双方下成打劫。

图 3　失败

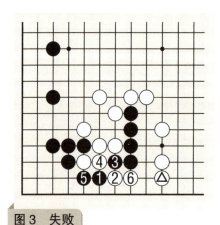

图 3　失败

黑 1 飞是大家很容易考虑到的下法，但由于有白△子的存在，白 2 跨可以成立，结果黑棋失败。

问题9

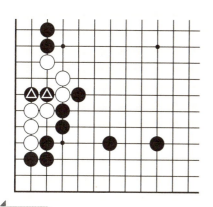

问题图

黑先。单单黑⃝二子与下方白四子进行对杀，黑棋短一气。但黑棋除对杀以外，还有其他手段存在。本题由于涉及到两个手筋，因此多少有点高级问题的味道。请问黑棋如何下才是正确的？

问题10

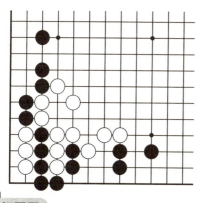

问题图

黑先。根据围棋规则，打二可以还一，或打多可以还一，因此在对方打吃时，并不一定都要连接。请问黑棋应如何根据这一规则选择正确的下法？

问题 9 解说

图 1 正解

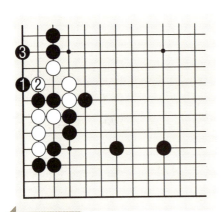

图 1 正解

黑 1 尖是巧妙的下法，白 2 时，黑 3 单跳，结果黑棋可以成功联络。

图 2 变化

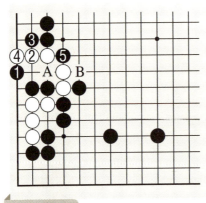

图 2 变化

黑 1 时，白 2 下立是最顽强的抵抗，黑 3 先手，其后黑 5 是第二妙手，以后白 A 时，黑 B 应即可。

图 3 失败

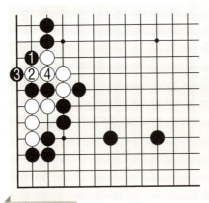

图 3 失败

黑 1 扳，白 2 挖后，黑棋失败。其后黑 3 渡，白 4 打吃即可。

问题 10 解说

图 1　正解

黑 1 尖是正确的，其后白棋可在 A 位打吃，后续变化见图 2。

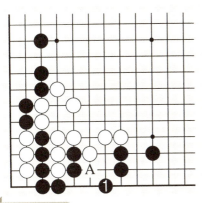

图 1　正解

图 2　正解继续

白 1 如果打吃，黑 2 应，白 3 如果提子，黑棋则可以在△位反提。

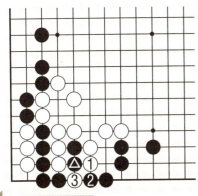

图 2　正解继续　❹=△

图 3　失败

黑 1 爬回，白棋有白 2 至白 6 的一连串手段，黑棋失败。其中白 2 直接下在 4 位打吃也行。

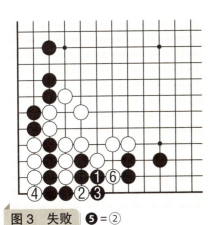

图 3　失败　❺=②

问题 11

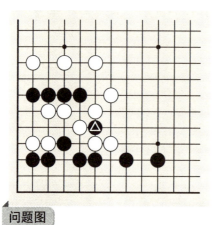

问题图

黑先。本题有些难度。不过越是有难度的问题，越能激发我们的进取精神，当然这需要我们沉着冷静地应对。那么请问黑棋如何充分利用黑▲一子，以谋求上下棋子的联络？

问题 12

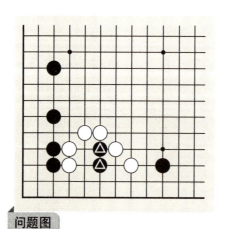

问题图

黑先。本题是实战中经常出现的棋形，黑▲子仍有活力。那么请问黑棋如何下才是正确的？

问题 11 解说

图 1 正解

黑1尖是问题的出发点，白2进行抵抗时，黑3挤、5扳，至黑7，黑棋可以吃白棋接不归。

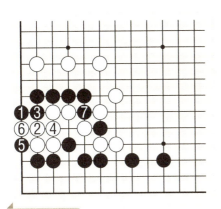

图1 正解

图 2 失败 1

黑1拐头是坏棋，白2后，黑无后续手段。

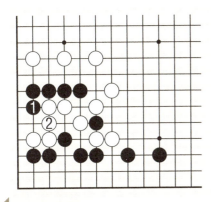

图2 失败1

图 3 失败 2

黑1扳，希望白棋在3位应，黑棋在6位挤，但这只是一厢情愿的想法。白2可以一路扳，黑3、5时，白4、6可以渡过，黑棋失败。

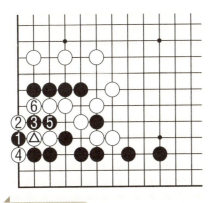

图3 失败2 ❼=❶ ⑧=△

问题 12 解说

图 1 正解

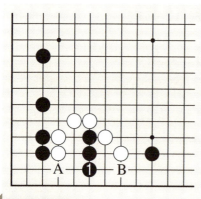

图 1 正解

黑 1 下立是稳健的下法，其后黑棋可以在 A 位或 B 位中居其一。

图 2 变化

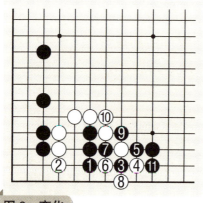

图 2 变化

黑 1 时，白 2 如果阻渡，黑 3 则可托过，白 4、6 以下的抵抗都无济于事。以下进行至黑 11 拐，后续变化见图 3。

图 3 正解继续

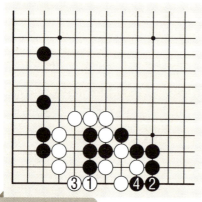

图 3 正解继续

白 1 时，黑 2 下立，白 3 时，黑 4 可以吃白接不归。其中白 1 下在 4 位虽是最后的抵抗，但黑棋在 3 位应后，这里将出现一个摇橹劫，白不行。

问题 13

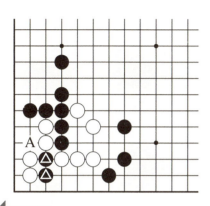

问题图

黑先。角上黑▲二子如想逃跑并不难只要在A位打吃即可，但白棋也会有反抗的手段。那么请问黑棋怎样下才能使利益最大化？

问题 14

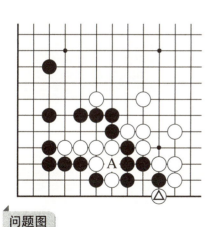

问题图

黑先。黑棋怎样下才能将左右黑子连上？如果单纯下在A位，可能会出大问题。

问题 13 解说

图 1 正解

黑 1 下立是解决问题的出发点，白 2 如果连接，黑 3 尖则是联络的手筋，角上的白棋自然死亡。

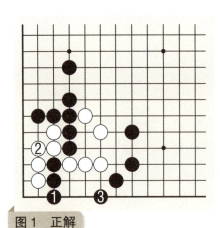

图 1 正解

图 2 失败 1

黑 1 下立后，黑 3 单跳，看似可以连接，但白 4 后，白 6 可以扑，至白 8，白棋可以吃黑接不归。

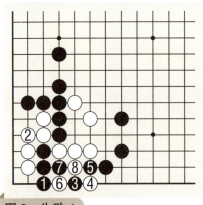

图 2 失败 1

图 3 失败 2

黑 1 断打是错误的下法，白 2、4 滚打后，黑棋虽然后手连上了，但没有阻断白棋的联络，因此黑棋失败。

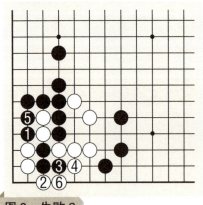

图 3 失败 2

问题 14 解说

图 1 正解

黑 1 下立是正确的下法。有些初学者或许会认为白 2 可以打吃，但黑 3 再次下立，黑棋从而可以成功联络。

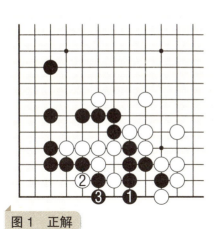

图 1 正解

图 2 失败 1

黑 1 打自投罗网，白 2、4 包打，双方下成打劫。

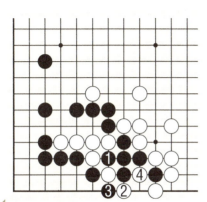

图 2 失败 1

图 3 失败 2

黑 1 打吃，白 2 扑，其后不论黑棋是在 3 位提子还是在 A 位提子，白 4 后，双方同样下成打劫。

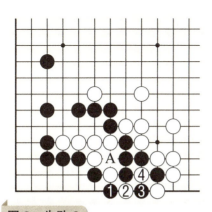

图 3 失败 2

问题 15 ▶

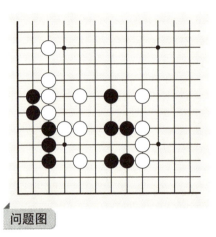

问题图

黑先。本题是实战中经常出现的棋形。如果不知道此时该如何下，即使你在实战中多次碰到过这个局面，也只能一无所获。那么请问黑棋如何下才是正确的？

问题 16 ▶

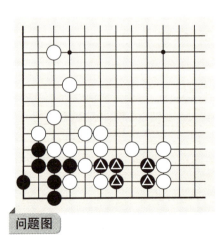

问题图

黑先。本题的棋形比较有趣，黑棋面临的问题是如何救出黑▲数子。那么请问黑棋如何下才是正确的？

问题 15 解说

图 1 正解

黑 1 托过是正确下法，白棋无法阻断。

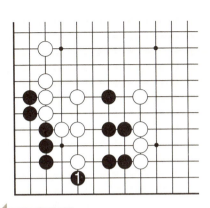

图 1 正解

图 2 正解继续

白 2 扳试图阻渡，但黑 3 断，白 4、6 时，黑 5、7 可以联络。

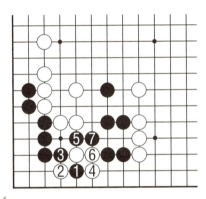

图 2 正解继续

图 3 变化

黑 1 托时，现在白 2 刺是先手，黑 3 如果连接，白 4 阻渡便可成立。

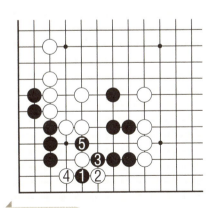

图 3 变化

问题 16 解说

图1 正解

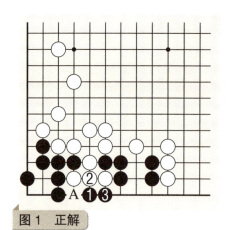

图1 正解

黑1点是联络的手筋,白2连接时,黑3拉回,是利用白棋A位不入气而联络。

图2 变化

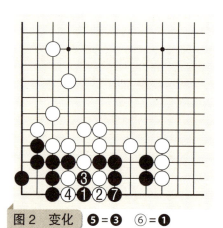

图2 变化 ❺=❸ ⑥=❶

黑1时,白2如果下立,黑3扑,以下至黑7,黑棋可吃接不归。

图3 失败

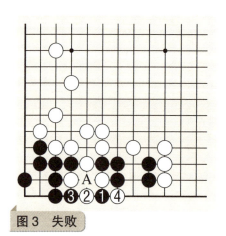

图3 失败

黑1打吃时,白棋如在A位连接,黑棋则可渡过,但这只是黑棋单方面的想法。白棋应在2位,双方将不可避免地下成打劫。

问题 17

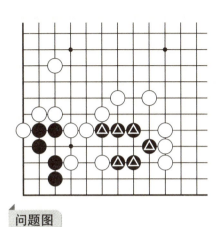

问题图

黑先。本题与前一个问题有些类似，黑棋救出黑△数子的手筋是什么？

问题 18

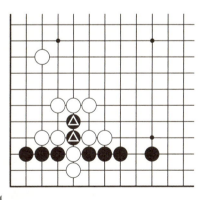

问题图

黑先。黑△二子已被白棋吃住，左右黑棋亦处于被一分为二的状态。那么请问在此形势下，黑棋间相互联络的手筋是什么？

问题 17 解说

图 1 正解

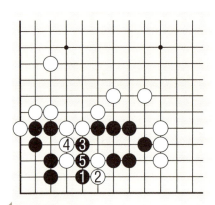

图 1 正解

本题是前一问题的应用。黑 1 点是绝妙的手筋，白 2 如果进行抵抗，则黑 3 扳、5 接，黑棋可以将白二子吞吃。

图 2 变化

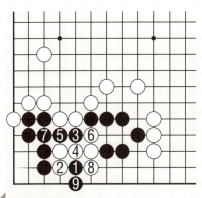

图 2 变化

黑 1、白 2、黑 3 时，白 4 若连接，虽可给黑棋造成一点麻烦，但以下进行至黑 9，白棋显然在对杀中气不够。

图 3 失败

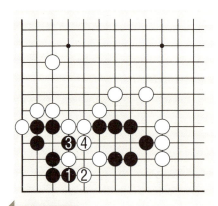

图 3 失败

黑 1 拐不行，白 2、4 后，双方将不可避免地下成打劫。

问题 18 解说

图 1　正解

黑1顶是联络的手筋，由此可以巧妙联络。

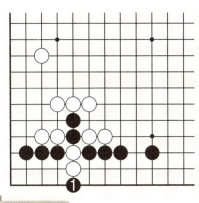

图 1　正解

图 2　正解继续

黑▲顶时，白1以下进行至黑8，黑棋可以安全渡过。

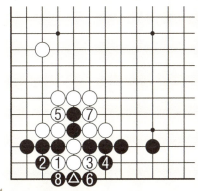

图 2　正解继续

图 3　失败

黑1或黑A是俗手，白2下立后，黑棋无后续手段。

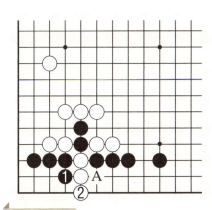

图 3　失败

问题 19

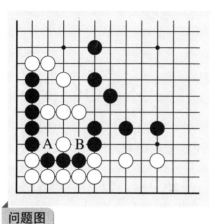

问题图

黑先。黑棋虽存在 A 位和 B 位的两处弱点，但只要黑棋能运用手筋，完全可以联络。那么请问黑棋如何下才是正确的？

问题 20

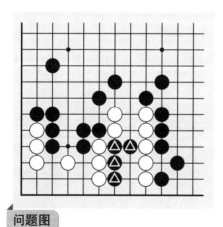

问题图

黑先。本题是一个高级手筋问题。请问黑棋如何下才能救回黑△四子，其手筋是什么？

问题 19 解说

图 1　正解

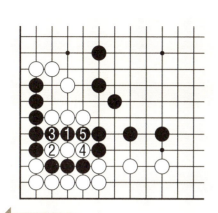

图 1　正解

黑 1 挖是联络的手筋，黑棋可以通过弃子，达到联络目的。至黑 5，黑棋成功。

图 2　变化

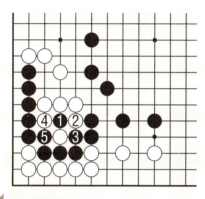

图 2　变化

黑 1 挖时，白 2 如果打吃，黑 3 则连接，白 4 提子时，黑 5 再连接。

图 3　失败

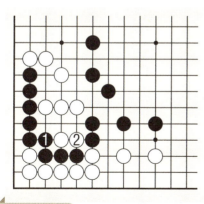

图 3　失败

黑 1 连接是毫无意义的下法，白 2 双后，黑棋已被切断。

问题 20 解说

图 1　正解

黑 1 下立，白 2 时，黑 3 是绝妙的手筋。

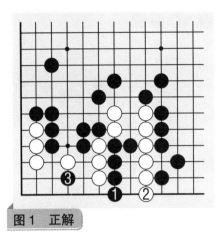

图 1　正解

图 2　正解继续

黑 1、3 进行后白 4 时，黑 5 尖是关键，黑棋以后在 A 位或 B 位中必居其一。由于本题 1、3、5 三手着着都是手筋，因而解答起来比较困难。

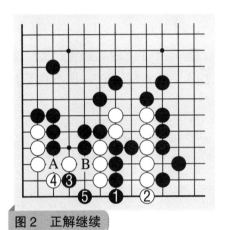

图 2　正解继续

图 3　失败

黑 1 冲，其后黑 3 断的下法不能联络，白 4 打吃，黑 5 反打，其后黑 7 下立，至黑 9 吃住白三子，但这与连回黑子相比，相距甚远，不能接受。

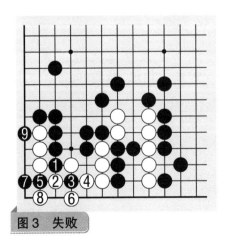

图 3　失败

问题 21 ▶▶

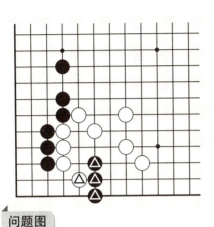

问题图

黑先。本题中的黑▲子并非已经救不回来。白▲一子仅仅是虚张声势，很多初学者或许对白▲子非常惶恐，其实大可不必。请问黑棋应如何联络？

问题 22 ▶▶

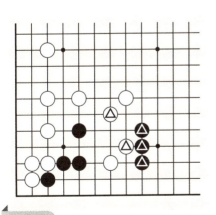

问题图

黑先。本题是前一问题的应用。黑▲三子同样并非已不能指望，解决问题的方法隐藏在白▲子之间。那么请问黑棋应如何联络？

问题 21 解说

图 1 正解

黑 1 挤是手筋，由此可以渡过。

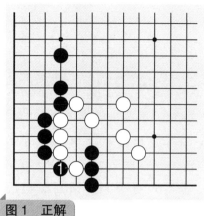

图 1 正解

图 2 正解继续

白 1 如果连接，黑 2 则坦然连回。

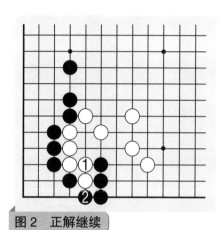

图 2 正解继续

图 3 变化

黑 1 时，白 2 如果断打，黑 3 则下立，黑棋同样可以联络。

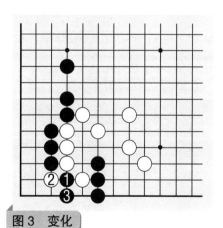

图 3 变化

问题 22 解说

图 1　正解

黑 1 挤是妙着，白 2 如果打吃，黑 3 托则是连贯的手筋。希望大家能从本题中充分体会围棋的巧妙之处。

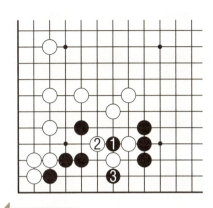

图 1　正解

图 2　变化 1

黑 1 时，白 2 如果打吃，黑 3 可以退，黑棋已不必在 A 位托过。

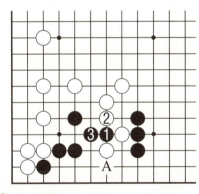

图 2　变化 1

图 3　变化 2

黑 1 时，白 2 如果连接，其后白 4 打吃，白 6 连接，白 8 冲，白 10 断，希望与黑棋对杀，但至黑 11，白棋气不够。

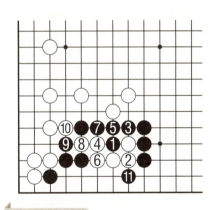

图 3　变化 2

问题 23

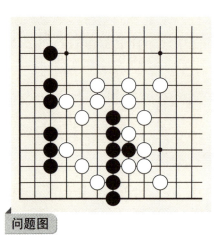

问题图

黑先。本题是前面问题的综合应用,不过是同样的手筋出现两次。那么请问黑棋应如何下?

问题 24

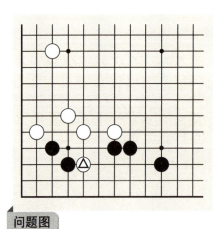

问题图

黑先。本题中针对白△子的存在,黑棋如何下才能左右联络?

问题 23 解说

图 1　正解

本题虽然比较复杂，但只要大家冷静思考，完全可以发现答案。黑 1 挤是解决问题的第一步，白 2 时，黑 3 长是关键，其后黑 5 打吃，弃去二子，后续变化见图 2。

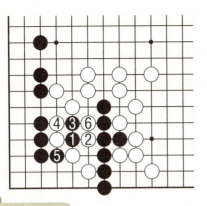

图 1　正解

图 2　正解继续

黑 1 挤又是联络的手筋。

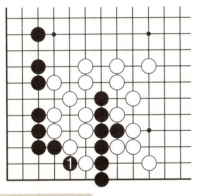

图 2　正解继续

图 3　变化

黑 1、3 时，如果白 4 打吃，黑 5 连接后，白数子反而被吃。

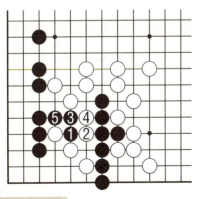

图 3　变化

问题 24 解说

图 1 正解

黑 1 夹是最佳下法，也是唯一正确的下法。

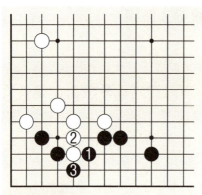
图 1 正解

图 2 变化

黑 1 时，白 2 如果下立，黑 3 双虎是当然的，白二子被吃。

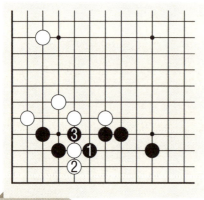
图 2 变化

图 3 失败

很多初学者会下出黑 1 扳，白 2 时，黑 3 以下至黑 9 委曲求全，他们可能认为这样下黑棋可以满足，但实际上这种下法仅比死棋略好一点。

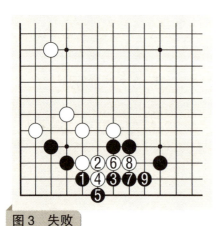
图 3 失败

问题 25

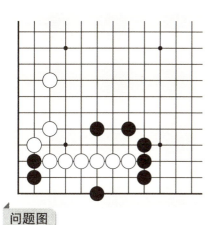

问题图

黑先。本题中黑棋面对结实的白墙，应如何下才能确保左右间的联络？

问题 26

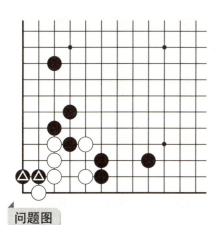

问题图

黑先。黑棋在本题中如要救回黑△二子，如何下才是正确的？

问题 25 解说

图 1 正解

黑 1 并是大家不易想到的妙手。

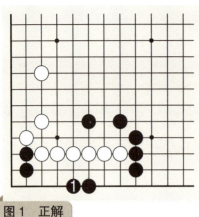

图 1 正解

图 2 失败 1

黑 1 单跳，单从棋形上考虑看似可行，但白 2 以下至白 8 进行后，结果双方下成打劫。

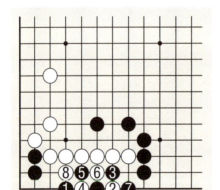

图 3 失败 2

黑 1 如果拐，白 2、4 两靠后，黑棋将被切断，于是角上黑三子被吃。

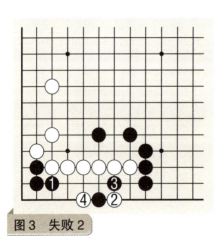

图 3 失败 2

问题 26 解说

图 1　正解

黑 1 一路单跳是正确的下法，白 2、4 攻击时，黑 3、5 应对即可。

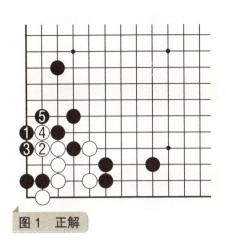

图 1　正解

图 2　失败 1

黑 1 时，白 2 可以扳，其后黑 3 时，白 4 长出，黑棋明显失败。

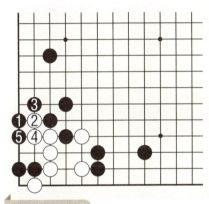

图 2　失败 1

图 3　失败 2

黑 1、白 2 时，黑 3 如果虎住，白 4 即可简单吃住二子，原因自然是黑棋不能在 A 位连接。

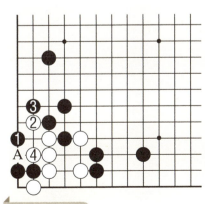

图 3　失败 2

问题 27

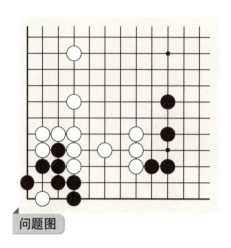

问题图

黑先。角上黑棋只有靠联络或就地做活才能生存,请问黑棋应如何下?本题的难度已达到有段的水平。

问题 28

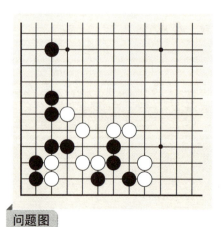

问题图

黑先。黑棋在本题中应如何进行联络,其手筋是什么?

问题 27 解说

图 1　正解

黑1一路跳是妙着，白2阻止黑棋联络，黑3后既可在4位做眼又可在5位挤过，黑棋获得成功。其中白2如果下在5位，黑棋在A位做眼即可。

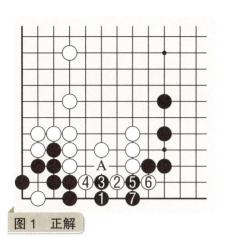

图 1　正解

图 2　变化

黑1时，白2如果破眼，黑3则可以渡过，白4时，黑5以下进行至黑9，黑棋可以连吃。

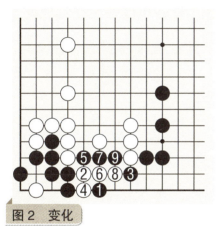

图 2　变化

图 3　失败

黑1是缺少策略的下法，白2阻渡后，黑棋不活。因为接下来白棋A位或B位必得其一。

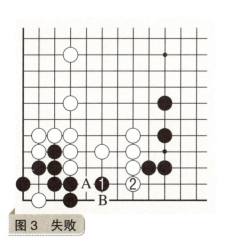

图 3　失败

问题 28 解说

图 1　正解

黑 1 扳，白 2 时，黑 3 挤住是连贯的下法，其后黑棋在 A 位或 B 位中居其一即可。

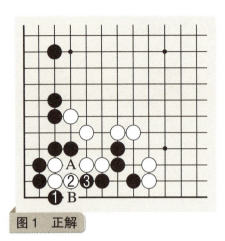

图 1　正解

图 2　失败 1

黑 1 爬次序错误，白 2 连接，黑 3 扳时，白 4 可以阻渡，黑棋失败。

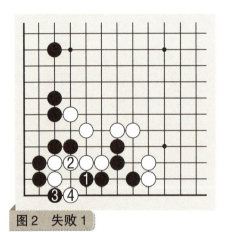

图 2　失败 1

图 3　失败 2

黑 1 夹，以下进行至白 6，双方下成打劫。

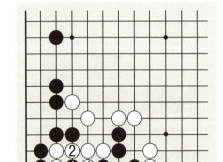

图 3　失败 2

第2章
断的应用

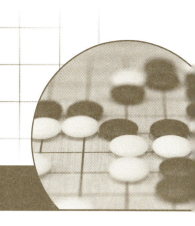

问题 29

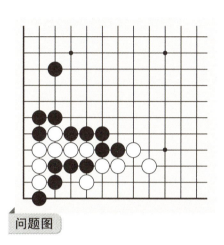

问题图

黑先。本题是实战中经常出现的棋形。黑白双方在角上展开了对杀，初看起来黑棋在对杀中短一气。那么请问黑棋应如何下？

问题 30

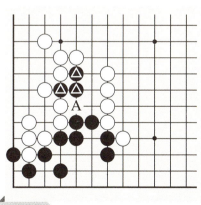

问题图

黑先。黑棋欲救回黑△三子，但在A位连接是后手。那么请问黑棋如何下最佳？

问题 29 解说

图 1 正解

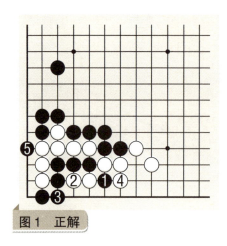

图1 正解

黑1断，白2时，黑3连接，白4只能回过头来打吃，黑5扳后，白棋由于不入气，结果黑棋快一气。这种棋形在实战中经常出现。

图 2 变化

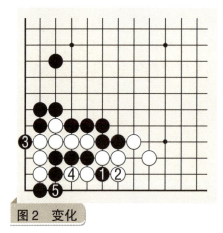

图2 变化

黑1时，白2如果打吃，结果与正解相同。以下进行至黑5，与正解相比，只是次序有所变化而已。

图 3 失败

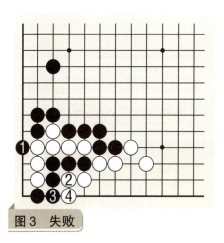

图3 失败

黑1先扳，白2、黑3时，白4可以打吃，这是与正解的差别所在。

问题 30 解说

图 1 正解

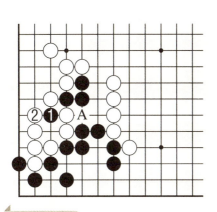

黑1断是正确的下法。其巧妙之处就在于白2时，黑棋可以脱先，以后黑A任何时候下都行。

图1 正解

图 2 变化

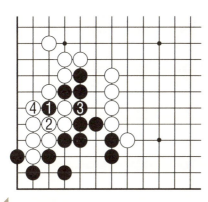

黑1断时，白2如果连接，此时黑3连接是先手。白4如果不下，请参考图3。

图2 变化

图 3 参考

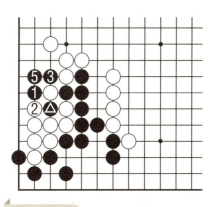

其后黑1、3打，白4如果连接，黑5同样连接，白棋的气不够。其中白4如果下在5位断，双方将下成打劫。

图3 参考　④=△

问题 31

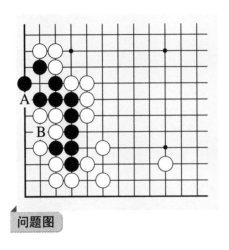

问题图

黑先。黑棋如果在 A 位有子，黑 B 扑可以成立。那么黑在 A 位无子的情况下，应如何下呢？

问题 32

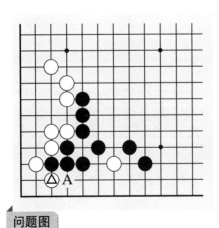

问题图

黑先。白⊙扳时，黑 A 如果挡，黑棋担心白棋可能会脱先。但是黑棋如果不应，白棋又有 A 位爬的先手便宜。那么请问黑棋如何应付最佳？

问题 31 解说

图 1 正解

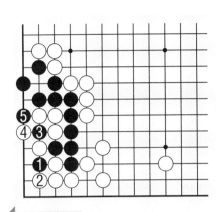

黑1先断不易被发现,白2打吃时,黑3扑,白4必须提子,此时黑5可以抛劫。

图1 正解

图 2 变化

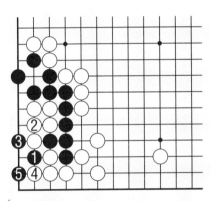

黑1断时,白2如果连接,则黑3扳,白4时,黑5可做劫,结果双方又下成打劫。

图2 变化

图 3 失败

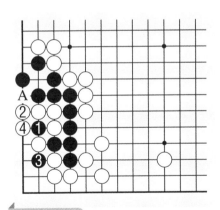

黑1如果先扑,由于A位无子,白2可以下立,黑棋便无计可施了。

图3 失败

问题 32 解说

图 1 正解

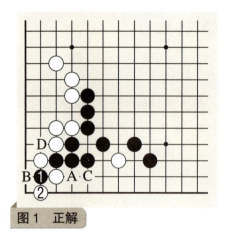

图 1 正解

黑1断是手筋。白2打吃，黑可随时在A位挡，白若脱先，黑B立下很大。白之所以在2位打，就是仍想做白A、黑C的先手交换。白2如果不下，黑D则可打吃。黑1如在A位挡，白则脱先，以后黑下1位时，白则B位打吃后又可脱先了。

图 2 变化

黑1时，白2如果打吃，黑棋肯定脱先。以后白A、黑B，白棋是后手，请参考图3。

图 2 变化

图 3 参考

白1、黑2交换后，此时如白3脱先，黑4下立，白棋由于两侧都不能入气，白二子被吃。

图 3 参考 ③脱先

问题 33 ▶

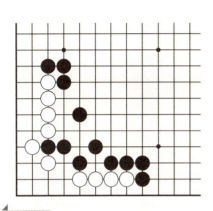

问题图

黑先。白棋的联络存在缺陷，那么请问白棋的缺陷在什么地方？黑棋应如何下？

问题 34 ▶

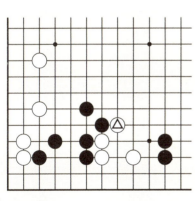

问题图

黑先。白△扳试图出头，黑棋虽吃不住白棋，但有有效的攻击手段。请问黑的攻击手段是什么？

问题 33 解说

图 1 正解

黑1断是手筋，白2时，黑3可以打吃，至黑5，可以成功切断白棋。

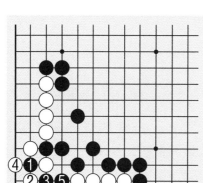

图1 正解

图 2 变化

黑1、3时，白4反打，白6、8后，白10只能打劫，此劫黑的本身劫太多，白很难打赢。

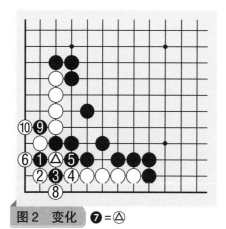

图2 变化 ❼=⊙

图 3 失败

黑1扳是错误的下法，白棋并不下在A位，白2可以联络。

图3 失败

问题 34 解说

图 1 正解

黑1先断很有意思，白2打吃时，黑3、5在两侧利用，可以有效地攻击白棋。

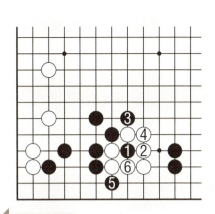

图 1 正解

图 2 变化

黑1、白2、黑3时，白4如果提子，黑5可以封住白棋，白棋依然难受。

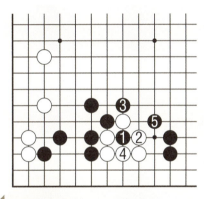

图 2 变化

图 3 失败

黑1先扳无趣，白2长，黑3再断时，白4可立，结果是在帮白走棋。

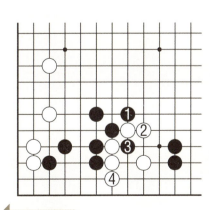

图 3 失败

问题 35

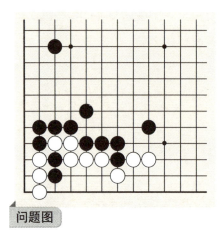

问题图

黑先。本题是实战中经常碰到的。大家如想成为高手，必须学会如本题正解这样的技术。请问黑棋应如何限制白棋出头？

问题 36

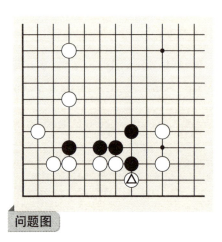

问题图

黑先。白△扳谋求渡过，如果允许白棋联络，黑棋将处于被动挨打的地位。那么请问黑棋如何下才能阻止白棋联络？

问题 35 解说

图 1　正解

黑1断问白棋的应手，白2必须连接，此时黑3靠，由此可以将白棋压在低位，而且黑A任何时候都是先手。

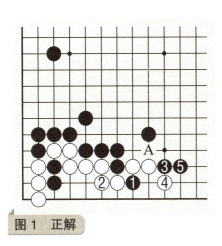

图 1　正解

图 2　变化

黑1时，白2如果打吃，黑3、5后，角上全成黑地。

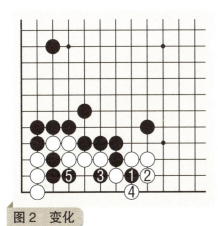

图 2　变化

图 3　失败

黑1拐不能成立，白2时，黑气不够黑棋失败。

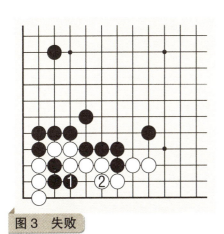

图 3　失败

问题 36 解说

图 1 正解

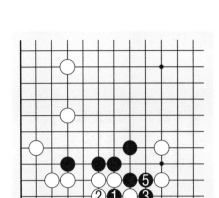

图 1 正解

黑 1 断是正确下法，白 2 时，黑 3、5 后，黑棋可以分断白棋。

图 2 变化

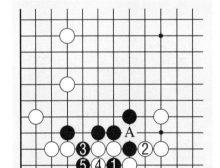

图 2 变化

黑 1 断，白 2 打时，黑并不在 A 位接，黑 3、5 可先手打穿白棋，从另一侧切断。

图 3 失败

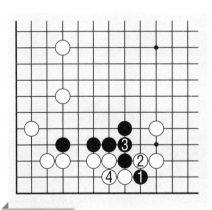

图 3 失败

黑 1 扳是错误的下法，白 2、4 可以联络，中腹黑棋将处于被动挨打的地位。

问题 37

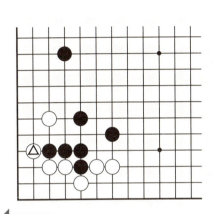

问题图

黑先。白△扳是让子棋中高手经常下出的无理下法，针对这一下法，黑棋该如何应？

问题 38

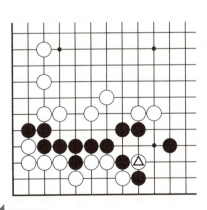

问题图

黑先。白△打，是初学者最易犯的错误，这种一厢情愿的下法，只会引起麻烦。请问黑棋应如何下？

问题 37 解说

图 1 正解

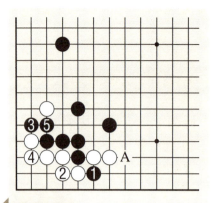

图 1 正解

黑 1 断极其锐利，白 2 如果连接，黑 3、5 在边上定形，以后黑棋有在 A 位靠下的便宜。

图 2 变化

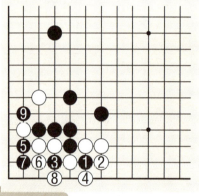

图 2 变化

黑 1 时，白 2 打吃无理，黑 3 以下至黑 9，白棋大损。

图 3 失败

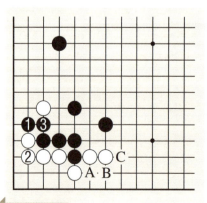

图 3 失败

黑 1、3 扳接是容忍白棋的无理，以后黑 A 断时，白 B 可以打吃，黑 C 的利用已不存在。

问题 38 解说

图 1 正解

黑 1 断打是正确的，白 2 提子是自杀行为，黑 3、5 后，白棋全死。

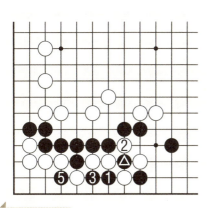
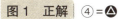
④=▲

图 2 变化

黑 1 时，白 2 必须退让，至黑 3 提子暂告一段落，结果白损。

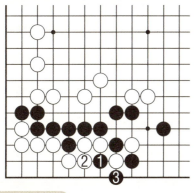

图 3 失败

黑 1 连接胆子太小，白 2 连接后，黑 3 还须后手补棋。

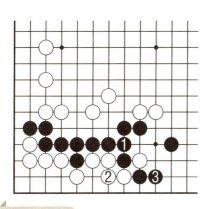

问题 39

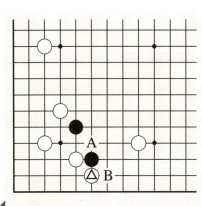

问题图

黑先。不论是布局阶段，还是中盘和官子阶段，切断的手段都是同样可以应用的。白△扳时，黑棋应如何应？若黑A退，白B长后，黑棋很重。

问题 40

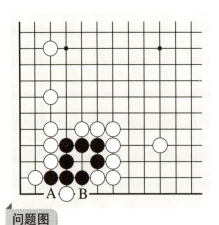

问题图

黑先。黑棋不论下在A位还是下在B位，都不能活棋。那么请问黑棋如何下才是正确的？

问题 39 解说

图 1　正解

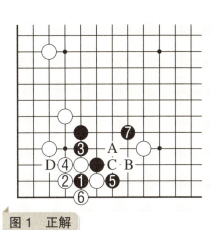

图 1　正解

黑 1 扭断是手筋，白 2 打吃，黑 3、5 在两侧利用后，黑 7 很轻快地处理。黑 7 如果下在 A 位，被白 B 刺后，黑重。其中白 4 如果下在 6 位提，则黑在 4 位打后再 C 位长，这样黑棋还可以瞄着 D 位的余味。

图 2　变化

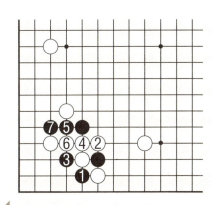

图 2　变化

黑 1 时，白 2 如果反击，黑 3 打吃后，黑 5、7 可以冲入左边白阵，白棋不好。

图 3　失败

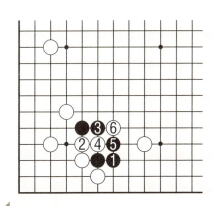

图 3　失败

黑 1 长看似正常，但白 2 以下至白 6 强行切断，黑不满意。

问题 40 解说

图 1　正解

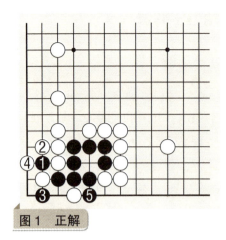

图 1　正解

黑 1 断是手筋，由此可以活棋。白 2 打吃时，黑 3 反打是先手，至黑 5，黑棋活出。

图 2　变化

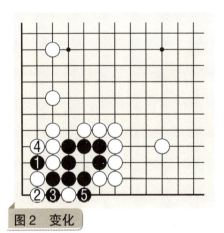

图 2　变化

黑 1 时，白 2 如果下立，黑 3 先手利用后，黑 5 提子，黑棋简单做活。

图 3　确认

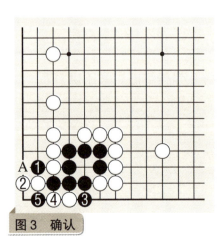

图 3　确认

黑 1 时，白 2 下立或白 A 打吃，结果都一样。以下进行至黑 5 时，白棋没有时间于 4 位扑。

问题 41

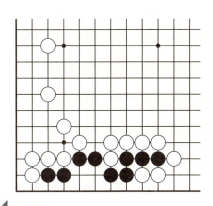

问题图

黑先。黑棋的空间虽然不小，但在一般情况下是做不出两只眼的。此时外围的白棋同样存在弱点，请问黑棋应如何下？

问题 42

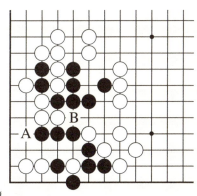

问题图

黑先。黑棋的愿望是既下A位吃住角上白二子，又下B位连接救回上侧黑数子。黑棋能否全部如愿？黑棋如何下才是正确的？

问题 41 解说

图 1 正解

黑1断是妙着，在本题中是做活的手筋。白2打吃，黑3倒虎，白4点时，黑5下立，以下进行至黑9，黑棋可以做活。

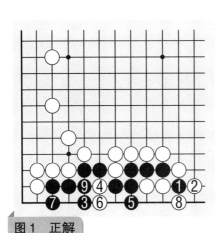

图 1 正解

图 2 失败 1

黑1虎是错误下法，白2点后，白4打，其后黑5提子，白6扳，结果黑棋不活。

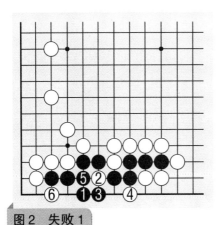

图 2 失败 1

图 3 失败 2

黑1断，白2打吃时，黑3如果在右边一侧倒虎，则白4断后，白6、8两扳，黑棋也不活。

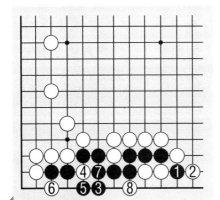

图 3 失败 2

问题 42 解说

图 1　正解

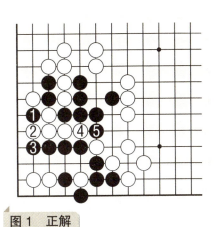

黑1断是初学者不易发现的下法，白2打吃时，黑3挡，黑棋可以同时解决两个问题。以后白4时，黑5可以双打吃。

图 1　正解

图 2　失败 1

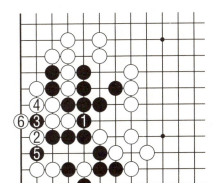

黑1如果连接，白2则可以渡过，以下至白6提子，黑棋无法分断白二子。

图 3　失败 2

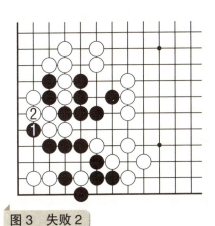

黑1扳，白2连接，之后黑棋必须抛弃一侧。

问题 43

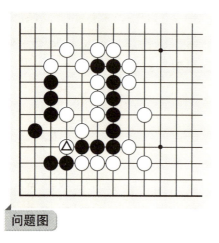

问题图

黑先。白△切断黑棋，黑棋现在是否已必死无疑？答案是否定的。只要黑棋下出手筋，便可起死回生。那么请问黑棋应如何下？

问题 44

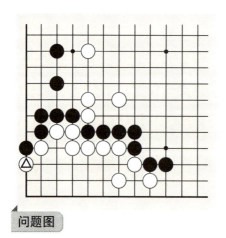

问题图

黑先。白△挡是无理的下法，黑棋对此有手段可施。那么请问黑棋应如何利用角的特殊性来惩罚白棋的无理？

问题 43 解说

图 1 正解

黑1扑是解决问题的第一步，以下进行至白4，黑棋收紧外气后，黑5断是手筋，后续变化见图2。

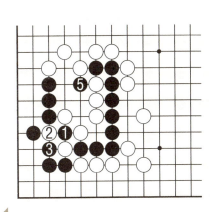

图 1 正解　④ = ❶

图 2 正解继续

白1只好打吃，黑2可以反打，白3提子时，黑4打吃，白棋接不归。

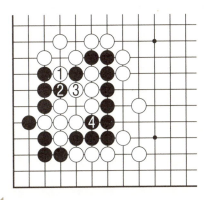

图 2 正解继续

图 3 失败

黑1先断操之过急，白2是双方必争的急所，至白4，黑棋在对杀中少一气。

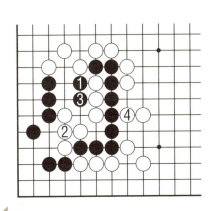

图 3 失败

问题 44 解说

图 1 正解

黑 1 断打是正确下法，白 2 如果提子，黑 3 先手利用后，黑 5 打吃是要领，白棋如不想打劫而白 6 连接，黑 7 则可做活。

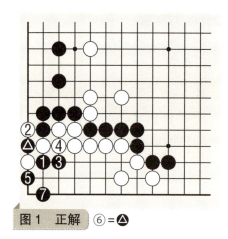

图 1 正解 ⑥=▲

图 2 失败

黑 1 连接与白 2 交换是初学者易犯的错误。

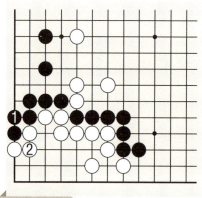

图 2 失败

图 3 参考

正解之后，黑棋是否已经活棋，我们现在对此进行分析。白 1 以下至白 5 对黑棋进行攻击，但黑 6、8 后，黑棋明显已活。

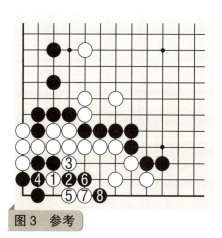

图 3 参考

问题 45 ▶

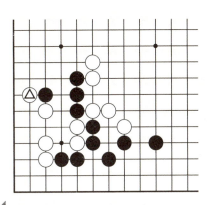

问题图

黑先。白△扳时，黑棋应按照"逢扳必长"的围棋格言来下呢，还是应选择其他的下法？

问题 46 ▶

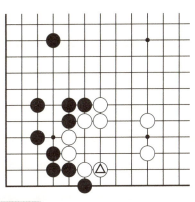

问题图

黑先。白△退补后，这里仍有被黑利用的地方。黑棋应如何下才能有所收获？本题虽然比较难，但希望大家熟记。

问题 45 解说

图 1 正解

黑1断是正确下法，白2打吃时，黑3、5可以轻快地出头。

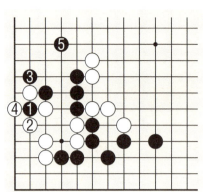

图 1 正解

图 2 变化

黑1时，白2如果反击，黑3、5进行后，角上白棋将落入黑手。因此黑棋选择正解的进行是正确的。

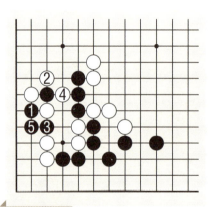

图 2 变化

图 3 失败

黑1长是平常的下法，但白2飞很严厉，黑棋将无法出头。其后黑3点以下至黑11，黑棋虽可破白棋角地，但仍无法与黑五子被吃的损失相比。

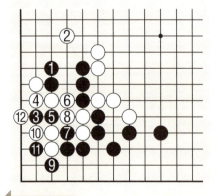

图 3 失败

问题 46 解说

图 1　正解

黑1断是正确的下法，由此可以在官子上有所收获。白2时，黑3、5虽与黑1断没有关联，但黑7的先手却与黑1断密切相关。

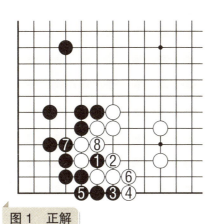

图 1　正解

图 2　变化

黑1断时，白2如果打吃，黑3后，黑5可爬过，黑棋收获更大。

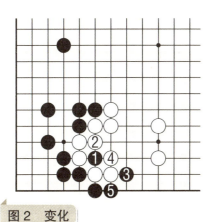

图 2　变化

图 3　失败

黑1、3进行后，黑5再来断，白6可以补棋，黑棋A位的先手已不复存在。

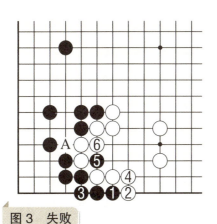

图 3　失败

问题 47

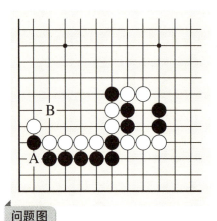

问题图

黑先。本题是实战中隐藏陷阱的典型一例。在黑A和白B交换之前，黑棋肯定有手段可施。那么请问黑棋应如何下？

问题 48

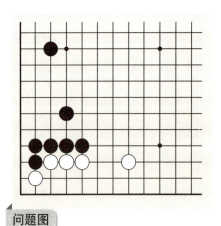

问题图

黑先。本题是中级水平的爱好者必须熟记的棋例。黑棋如要切断白棋，必须扳下，现在的问题是黑棋扳以后的棋应如何下？

问题 47 解说

图 1 正解

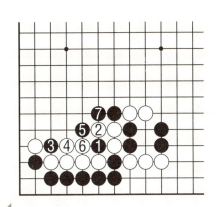

图1 正解

黑1断打正确，白2时，黑3再次断，白4如果打吃，黑5打则是妙棋，白6如果提子，黑7则可吃白接不归。其中白6下在7位是没用的，其原因见图2。

图 2 变化 1

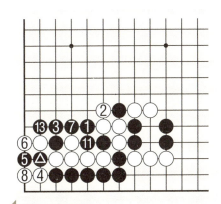

图2 变化1　❾⑫=▲　⑩=❺

黑1时，白2如拐出，黑3则长。至黑13，白棋难免被吃。其中，白如果在11位提，黑则可在7位打吃，然后在4位连接，白棋也不行。

图 3 变化 2

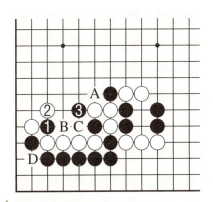

图3 变化2

黑1时，白2如果打吃，黑3则可滚打。其后白A时，黑B可倒扑白四子；白C如果提子，黑A可吃白接不归；白D断打时，黑可先B位打，再A位吃白三子。

问题 48 解说

图 1　正解

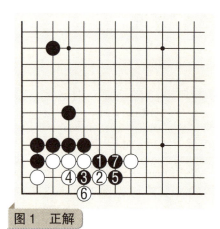

图 1　正解

黑 1 扳，白 2 时，黑 3 断是手筋，这一下法使黑 5、7 分断成为可能。

图 2　变化

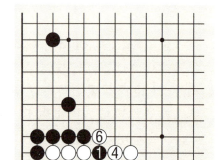

图 2　变化　⑧＝❶

黑 1、3 时，白 4 如果打吃进行反击，黑 5 则可再断打，以下进行至黑 9，角地的主人发生了变化。

图 3　失败

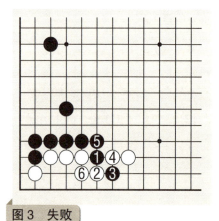

图 3　失败

黑 1、3 连扳是初学者的下法，但以下进行至白 6，黑棋一无所获。

问题 49

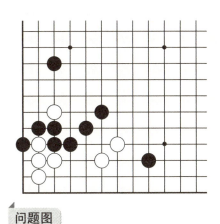

黑先。白棋看起来已完全联络，但实际上存在弱点。那么请问黑棋应如何利用白棋的弱点？

问题图

问题 50

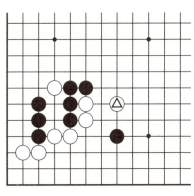

黑先。本题是小目高挂后二间高夹形成的棋形。白△是错误的下法，面对这一错误，黑棋应如何下？

问题图

问题 49 解说

图 1　正解

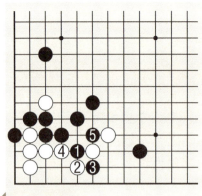

图 1　正解

黑 1、3 扭断是手筋，白 4 打吃时，黑 5 可以做劫。这一下法实战中经常使用，希望大家熟记。

图 2　失败 1

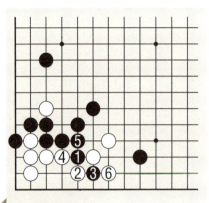

图 2　失败 1

黑 1 至白 4 时，黑 5 如果连接，白 6 打吃后，黑棋毫无收获。

图 3　失败 2

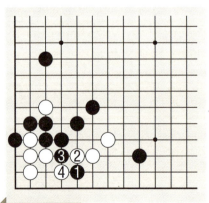

图 3　失败 2

黑 1 飞看似手筋，但白 2、4 简单冲断即可，黑棋反而受损。

问题 50 解说

图 1 　正解

黑 1 断，白 2 打吃时，黑 3 可以反打。因此白△应该下在 A 位。

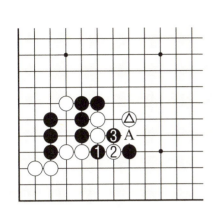

图 1　正解

图 2 　变化

黑 1 时，如果白 2 打吃，虽然角上无事，但外面的白子被分断。

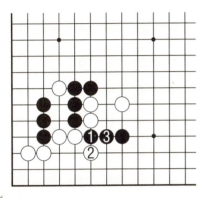

图 2　变化

图 3 　失败

黑 1、白 2 时，黑 3 下立不成立。白 4 应，黑 5 攻击虽很严厉，但白 6 却是愚形妙手，以下进行至白 16，黑棋短一气。

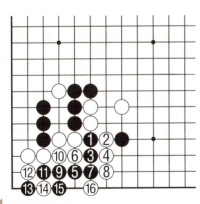

图 3　失败

问题 51

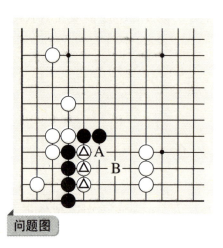

问题图

黑先。黑棋要想活棋，吃住白⊙三子是唯一的生路。黑 A 如果拐，白 B 应后，黑棋不行。那么请问黑棋应如何切断白棋？

问题 52

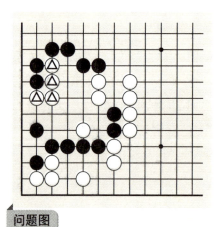

问题图

黑先。黑棋能否切断白⊙四子，或者说能否吃住白棋四子，是黑棋生死存亡的关键。实战中黑棋很可能会错失这一机会。请问黑棋如何下才是正确的？

问题 51 解说

图 1　正解

黑 1 夹断是解决问题的方法，白 2 时，黑 3 可以强扳，白 4 打吃时，黑 5、7 可以滚打包收。

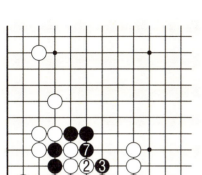

图 1　正解

图 2　失败

但黑 1 飞，白 2 从另一侧开始紧气，黑棋的气不够，黑四子被吃。

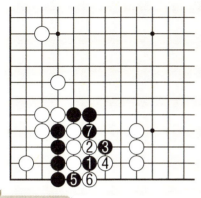

图 2　失败

图 3　参考

如果白△子没有紧到黑棋的气，黑棋左边四子的气足够长，黑 1 飞可以成立。白 2 时，黑 3 挖，以下的进行又还原成正解。

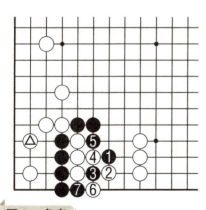

图 3　参考

问题 52 解说

图 1 正解

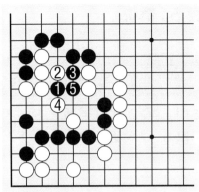

黑1靠是正确的下法，这手棋虽然感觉上有些笨，但实际上却是妙手。至黑5，白已连不上。

图 2 变化

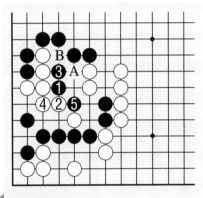

黑1时，白2如果抵抗，黑3可以退，其后黑5挤。白2如果下在A位，黑棋下在3位，白棋下在2位，黑B应后，结果相同。

图 3 失败

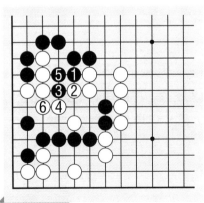

黑1冲，白2挡，其后黑3挖已来不及，白4打吃，黑5时，白6连接，结果黑反而被吃。

问题 53 ▶

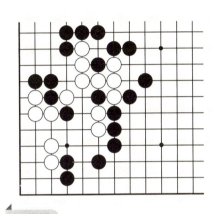

问题图

黑先。本题的棋形多少有点复杂，白棋看起来已经有效地联络起来，但经过仔细推敲，白棋仍有缺点。那么请问黑棋如何下才是正确的？

问题 54 ▶

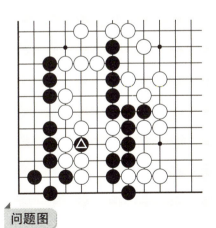

问题图

黑先。中腹的黑棋已被白棋围得水泄不通，黑棋只有利用被打吃的黑▲一子来切断白棋，从而谋求生路。那么请问黑棋如何下才是正确的？

问题 53 解说

图 1 正解

黑 1 尖，是分断白棋的正确方法。

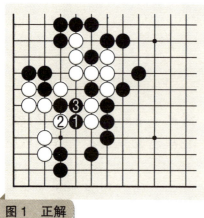

图 1 正解

图 2 失败 1

黑 1 长看起来可行，但由于白棋有 2、4 的强手，黑棋束手无策。

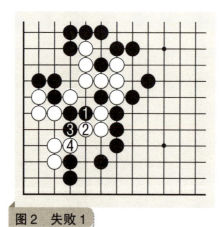

图 2 失败 1

图 3 失败 2

黑 1 或许是第一感觉，但白 2、4 后，黑棋失败。

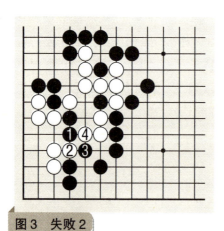

图 3 失败 2

问题 54 解说

图 1 正解

黑1靠问白棋的应手是绝妙的下法，白2时，黑3、5可以很轻松地切断白棋。

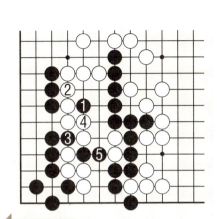

图 1 正解

图 2 变化

黑1时，白2挖是令人头痛的抵抗，白2本身就是手筋，这种下法在很多情况下都可解决危机。但黑3是应对的手筋，后续变化见图3。

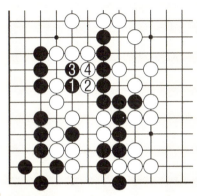

图 2 变化

图 3 变化继续

黑1、3迫使白2、4应后，黑5打吃，结果黑棋利用弃子取得了成功。

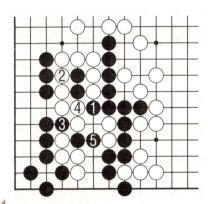

图 3 变化继续

问题 55

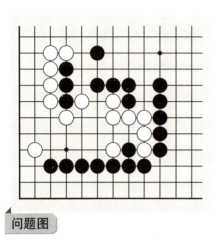

问题图

黑先。初看本题，白棋的断点似乎很多，黑棋可以轻松切断白棋，其实并非如此。那么请问黑棋如何下才是正确的？

问题 56

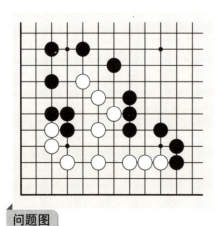

问题图

黑先。黑棋在本题中该如何切断白棋？白棋的致命弱点又在何处？

问题 55 解说

图 1　正解

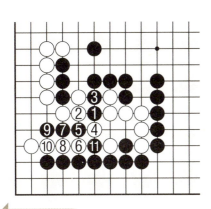

图 1　正解

黑 1 是切断白棋的唯一下法，白 2、4 时，黑 5 断，白 6 时，黑 7、9 冲后，黑 11 断，黑棋成功。

图 2　变化

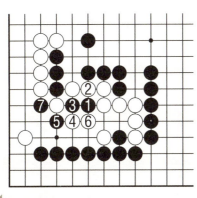

图 2　变化

黑 1 时，白 2 连接往往是白棋首先考虑的抵抗方法，此时黑 3 弃子是妙手，白 4 打时，黑有 5、7 反打的手段。

图 3　失败

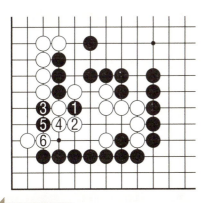

图 3　失败

黑 1、3 连续断，但至白 6 应对后，黑棋失败。

问题 56 解说

图 1 正解

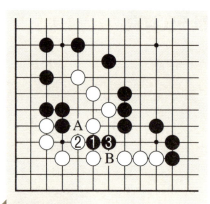

图 1 正解

黑 1 挖有效地攻击了白棋的致命弱点，白 2 时，黑 3 可以退回，其后黑棋可以在 A 位或 B 位进行突破。

图 2 变化

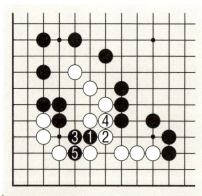

图 2 变化

黑 1 时，白 2 如从右侧打，黑 3 退，白 4 如果连接，黑 5 则可以冲，白棋无法忍受。

图 3 失败

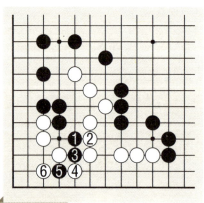

图 3 失败

黑 1、3 冲，其后黑 5 断，但至白 6，白棋可成功联络。

问题 57 ▶▶

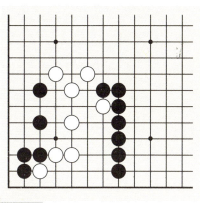

问题图

黑先。本题中黑棋可以挖断白棋的地方有两处,那么请问黑棋该从何处着手?

问题 58 ▶▶

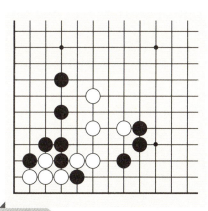

问题图

黑先。本题是实战中经常出现的棋形。黑棋挖断白棋之前,应预先做一些准备工作。那么请问黑棋如何下才是正确的?

问题 57 解说

图 1 正解

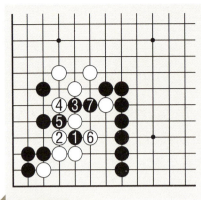

图 1 正解

黑 1 先挖，白 2 时，黑 3 再挖是绝妙的次序，白 4 时，黑 5 反打正是黑 1 挖所起的作用。

图 2 变化

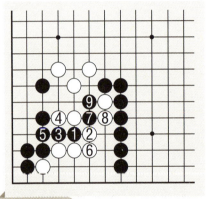

图 2 变化

黑 1 时，白 2 如从右侧打，黑 3 退，白 4 打吃，黑 5 连接，此后黑 7、9 可以切断。其中白 6 如果下在 7 位，黑棋则可在 6 位断。

图 3 失败

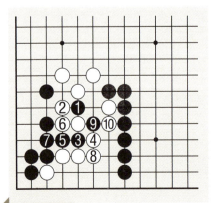

图 3 失败

黑 1 先从上面挖，其后黑 3 再挖，但由于白 4 可以从右侧打，结果黑棋失败。其后黑 5 时，白 6 打吃后，白 8 可以连接，白上下安全联络。

问题 58 解说

图 1 正解

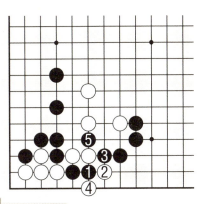

图 1 正解

黑 1 先退，白 2 扳时，黑 3 断，这是黑棋的准备工作。其后黑 5 挖打，结果可以切断白棋。

图 2 失败

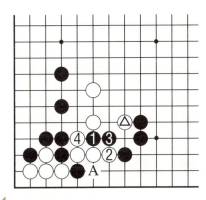

图 2 失败

黑 1 先挖次序错误。白棋如果下在 3 位或 4 位，黑 A 后，将还原成正解的进行。但白棋有白 2 顶的手段，黑 3、白 4 时，白△子正好可以发挥作用。

图 3 失败继续

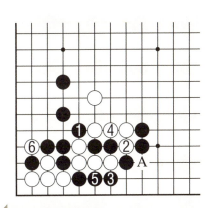

图 3 失败继续

黑 1 断，白 2 打，黑 3 反打，白 4 提，黑 5 接，但白 6 可断吃一子活棋，而且黑棋还存在 A 位的断点，黑棋失败。

问题 59

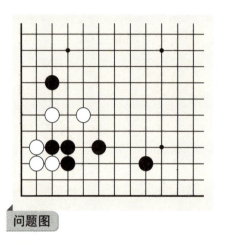

问题图

黑先。本题同样是与挖相关的问题，不过黑棋挖后的下法却更为重要。请问黑棋如何下才是正确的？

问题 60

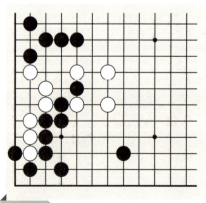

问题图

黑先。本题继续考察挖的手筋。本题的手筋是由中级水平向高级发展过程中应该学会运用的。请问黑棋如何下才是正确的？

问题 59 解说

图 1 正解

黑 1 挖，其后黑 3 托是正确的次序，也是手筋。

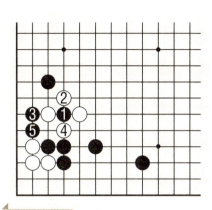

图 1 正解

图 2 失败

黑 1 扳，白 2 贴是好棋，其后白 4 可以渡过。

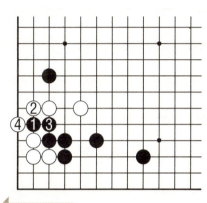

图 2 失败

图 3 参考

黑 1 扳，白 2 如断则错误，黑 3 多弃一子，其后黑 5、7 切断。

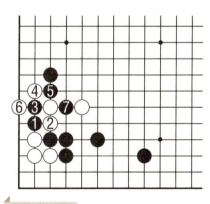

图 3 参考

问题 60 解说

图 1 正解

本题的难度已达到业余初段水平。黑棋置自身的断点于不顾,黑1挖断是必然的一手,白2时,黑3连接。白A、B两点不能兼顾。

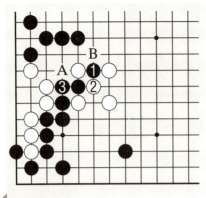

图 1 正解

图 2 变化

黑1时,白2、4的下法过于勉强,黑5、7打断后,白棋不行。

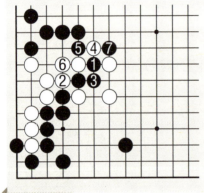

图 2 变化

图 3 失败

黑1冲,白2、4可成枷吃黑二子之势,以下进行至白10,白棋反而收获不小。

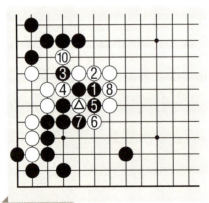

图 3 失败 ❾=△

问题 61

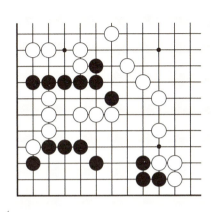

问题图

黑先。左上的黑棋已处于绝望的境地，但只要黑棋下出手筋，则不仅可以挽救自身，而且可以反吃白棋。请问黑棋应如何下？

问题 62

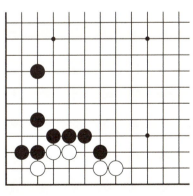

问题图

黑先。本题是基础问题，黑棋的第一手棋非常容易，但在白棋顽强抵抗时，黑棋如何应对非常重要。请问黑棋如何下才是正确的？

问题 61 解说

图 1 正解

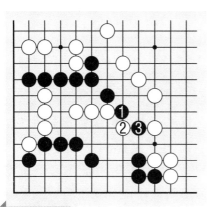

黑 1 扳,白 2 时,黑 3 挖,由此可开出一条活路。

图 1 正解

图 2 正解继续

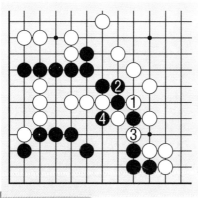

白 1 如果断打,黑 2 连接,白 3 提子时,黑 4 断,黑棋由此可以绝处逢生。

图 2 正解继续

图 3 失败

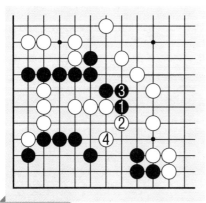

黑 1 扳是大家都有可能考虑的,但其后的进行非常重要。白 2 时,黑 3 连接则错误,白 4 后,黑棋失败。

图 3 失败

问题 62 解说

图 1　正解

黑 1 扳非常容易想到，白 2 抵抗时，黑 3 扳是初学者不易想到的下法。

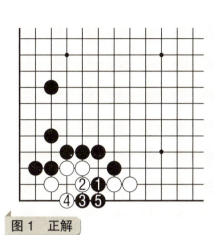

图 1　正解

图 2　变化

黑 1 时，白 2 单跳有时可以成立，但在本图中由于有黑 3 下立的手段，白棋不行，白 4 时，黑 5 可以打吃。

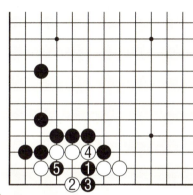

图 3　失败

黑 1 是俗手，白 2 挡，黑 1 无所获。

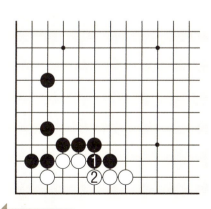

问题 63

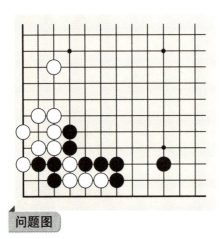

黑先。本题中的黑棋有两口气，而白棋却有三口气，因此黑棋如果要吃白棋，必须长气。请问黑棋如何下才是正确的？

问题 64

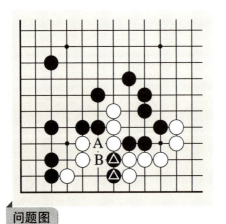

黑先。黑棋想救回黑▲二子，但黑A时，白B断，黑棋明显不行。那么请问黑棋如何下才是正确的？

问题63解说

图1 正解

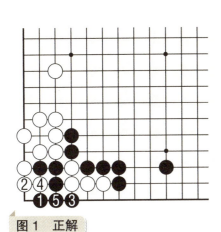

图1 正解

黑1尖利用角的特殊性长气是妙手，以下进行至黑5，白棋由于两侧都不入气，黑棋成功。

图2 失败1

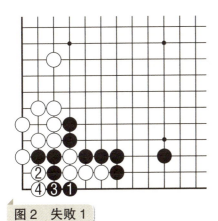

图2 失败1

黑1直接扳进行收气，结果黑棋短一气。

图3 失败2

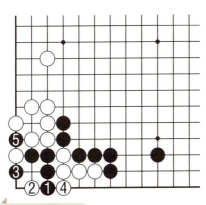

图3 失败2

黑1下立虽然也可考虑，但以下进行至黑5，双方将会下成打劫。

问题 64 解说

图 1　正解

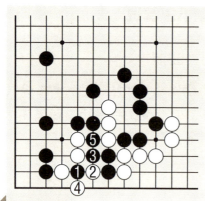

图1　正解

黑1夹是正确的下法，白2时，黑3、5可以成功联络。

图 2　变化 1

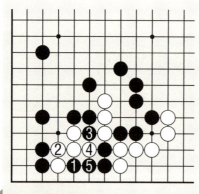

图2　变化1

黑1时，白2如果连接，黑3、5后，白棋反而气不够。

图 3　变化 2

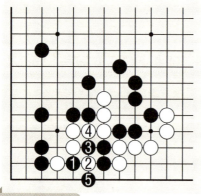

图3　变化2

黑1、白2、黑3时，白4如果连接，黑5直接提子即可。从本题中我们可以看到黑1手筋的威力。

问题 65 ▶

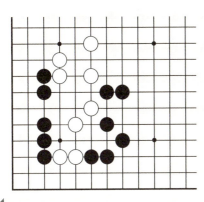

问题图

黑先。白棋的棋形初看起来已经完整，但只要黑棋能掌握手筋，完全可以切断白棋。请问黑棋如何下才是正确的？

问题 66 ▶

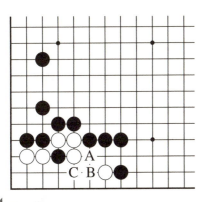

问题图

黑先。本题中如果黑A打吃或者黑B跨下，白C应后，白角是活棋。那么请问黑棋应如何利用手筋攻击白棋？

问题 65 解说

图 1 正解

黑 1 嵌是正解，以下进行至黑 5，可以切断白棋。

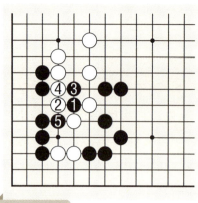

图 1 正解

图 2 变化 1

黑 1 时，白 2 如果连接，黑 3、5 后，黑棋在 A 位或 B 位中必居其一，依然可以切断白棋。

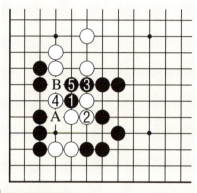

图 2 变化 1

图 3 变化 2

黑 1 时，白 2 连接是自暴自弃的下法，黑 3 断后，可以轻松切断白棋。

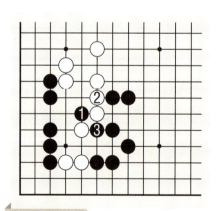

图 3 变化 2

问题 66 解说

图 1　正解

黑1打是关键，白2时，黑3打吃后，黑5连接即可。结果白净死。

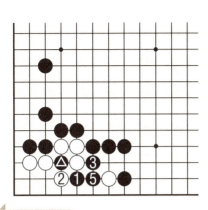

图 1　正解　④=△

图 2　失败 1

黑1下立，其后黑3破眼看起来不错，但以下进行至白6，白棋可以净活。

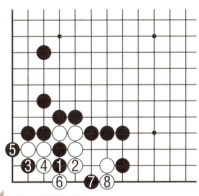

图 2　失败 1

图 3　失败 2

黑1先夹，白2挡时，黑3再冲，白4应时，黑5渡过，眼看就要吃住白棋。但白6下立时，白棋有A位扑和B位连接这两手，结果可以净活。

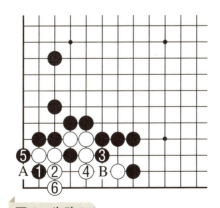

图 3　失败 2

问题 67

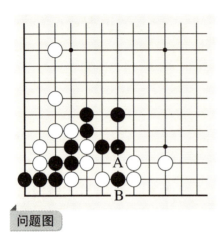

问题图

黑先。白棋在 A 位打吃或在 B 位渡过后，即可相互联络。那么请问黑棋如何才能救出角上黑子？

问题 68

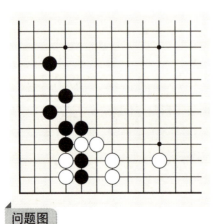

问题图

黑先。白棋二子和黑棋二子都只有三口气，但黑棋已无法长气，白棋却可以向角上长气。请问黑棋如何才能不让白棋长气？本题是连扳手筋的运用。

问题 67 解说

图 1 正解

黑1扳是勇敢的下法，白2时，黑3打吃可以成立。本题看似简单，但要答对并非易事。

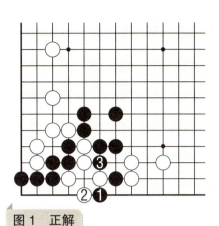

图1 正解

图 2 变化

黑1时，白2如果打吃，黑3则可以扑。类似黑3扑这样的杀手锏不到最后时刻不必使用。

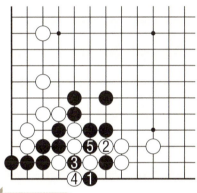

图2 变化

图 3 失败

黑1扑是错误的下法，白2提子，黑3打吃时，白4连接，白棋安然无恙。

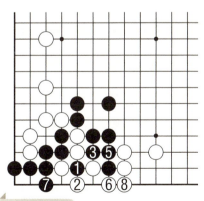

图3 失败

问题 68 解说

图 1 正解

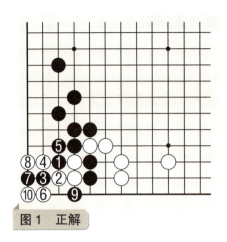

黑 1、3 连扳是正确的下法，以下进行至白 6 时，黑 7 下立是决定性的一手，后续变化见图 2。

图 2 正解继续

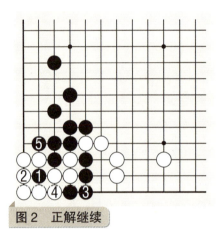

黑 1 扑，黑 3 连接，至黑 5，白棋差一气被吃。

图 3 失败

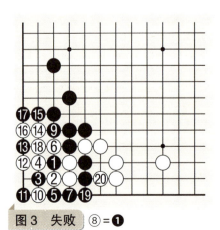

黑 1、3 后，黑 5、7 滚打虽然有时可以成立，但在本题中不行。黑 9 收气，但白 10 以下进行至白 20，白棋有眼杀无眼。

⑧ = ❶

问题 69

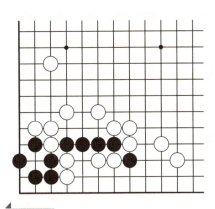

问题图

黑先。中间的黑棋四子仅剩四口气，而白棋肯定不止三口气，那么请问黑棋如何下才是正确的？本题同样是连扳手筋的应用。

问题 70

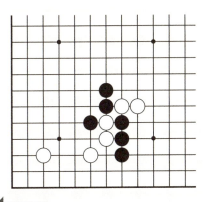

问题图

黑先。本题是实战中经常出现的棋形。黑棋如此被白棋切断后，没有必要慌张。那么请问黑棋应如何惩罚白棋的无理？

问题69解说

图1 正解

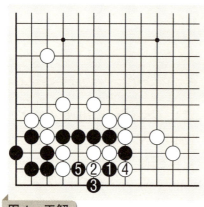

图1 正解

黑1、3连扳有点异想天开。黑棋如此下法都能成立,充分说明围棋的无穷妙趣。

图2 变化

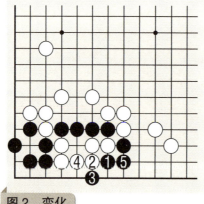

图2 变化

黑1、3时,白4如果连接,黑5同样连接,结果黑棋可以在对杀中取胜。

图3 失败

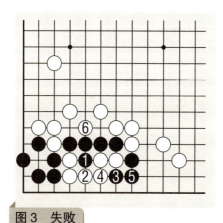

图3 失败

黑1冲错误,以下进行至白6,黑棋的气不够。

问题70 解说

图1 正解

黑1靠，白2扳时，黑3扭断绝妙，其后白4时，黑5打即可。其中白4如果下在A位，黑B打即可。

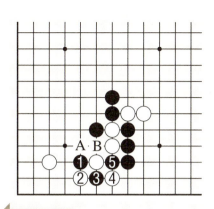

图1 正解

图2 变化

黑1时，白2如果反击，黑3、5可以征吃白棋。

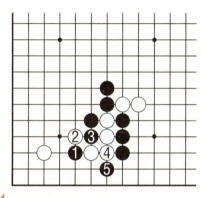

图2 变化

图3 失败

黑1、3无策，白4、6扳接后，白棋在A位或B位中必居其一，黑棋失败。

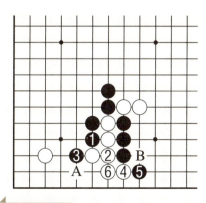

图3 失败

问题 71

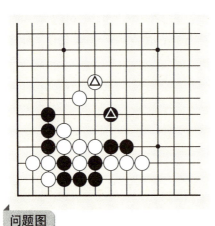

问题图

黑先。白△子看起来可以有效地协助白棋联络，但黑棋只要攻击正确，完全可以使白棋不能如愿。那么请问黑棋应如何下？

问题 72

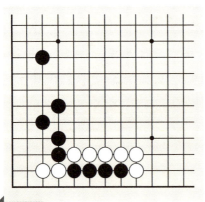

问题图

黑先。下边的黑棋仅有四口气，因此黑棋如要对杀胜，必须将白二子的气减少到三口以下。那么请问黑棋如何下才是正确的？其中手筋的作用非常重要。

问题 71 解说

图 1 正解

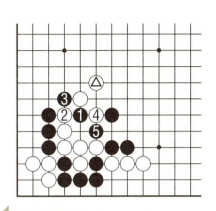

图 1 正解

黑 1 跨，白 2 冲时，黑 3 断，飞的缺陷就是容易被对方跨断。至黑 5，白△一子不能发挥作用。

图 2 失败 1

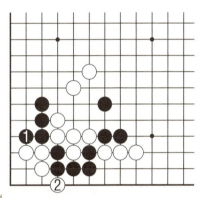

图 2 失败 1

黑 1 挡方向错误，白 2 收气后，黑棋的气不够。此时黑棋再选择正解的下法已来不及。

图 3 失败 2

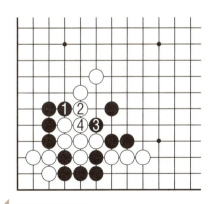

图 3 失败 2

黑 3 是初学者最易下的典型俗手。在对方飞时，不论是不能切断对方，还是不想切断对方，都不能选择黑 1 的下法。类似黑 1 这种下法，大部分都是恶手或者俗手。

问题 72 解说

图 1　正解

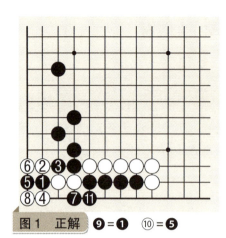

图 1　正解　❾ = ❶　⑩ = ❺

黑 1 顶正确，白 2 必须扳，黑 3 断，白 4 打吃时，黑 5 可以下立，以下进行至黑 11，白棋只有三口气。

图 2　变化

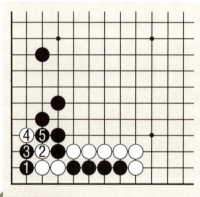

图 2　变化

黑 1 时，白 2 如果冲，黑 3 贴住即可，至黑 5，白棋仅剩两口气。

图 3　失败

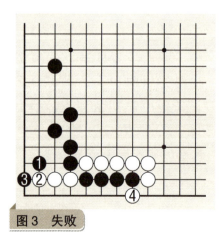

图 3　失败

黑 1 单跳是抛弃黑四子的下法，白 2 与黑 3 交换后，白 4 扳，黑棋气不够。

问题 73

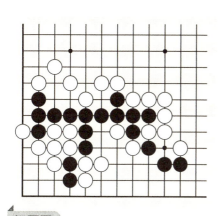

问题图

黑先。本题的棋形有些杂乱，问题的核心是黑棋大龙已被白棋团团围住。那么请问黑棋应如何利用手筋冲出重围？

问题 74

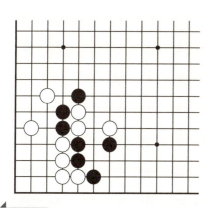

问题图

黑先。本题是一种中级必修的手筋。如果大家能掌握双的地方大都是急所的原理，就可以轻松解开本题。那么请问黑棋应如何下？

问题 73 解说

图 1 正解

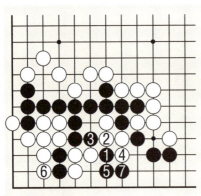

图 1 正解

如能发现黑 1 碰的手筋，黑棋大龙将可活出。以下进行至黑 7，都是必然的次序。

图 2 变化

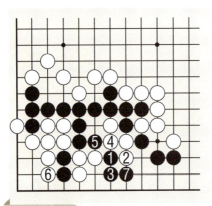

图 2 变化

黑 1 时，白 2 如果反击，黑 3 下立后，又还原成正解的进行。

图 3 失败

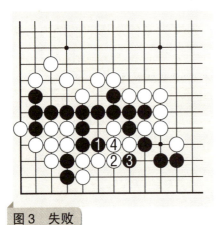

图 3 失败

黑 1 时，白 2 可以退，至白 4，黑棋失败。其中黑 3 如果下在 4 位断，黑棋大龙仅有一眼，也不能活。

问题 74 解说

图 1 正解

黑 1 夹是手筋，这一位置也是白棋双的地方，结果白子无法逃脱。

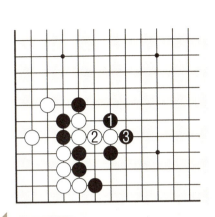

图 1 正解

图 2 变化

黑 1 时，白 2 长，白棋只能减少损失。

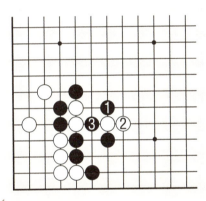

图 2 变化

图 3 失败

黑 1、3 时，白 2、4 应，黑棋不行。黑 1、3 是俗手。

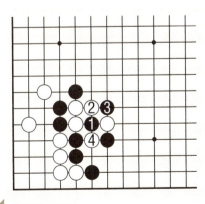

图 3 失败

问题 75 ▶▶

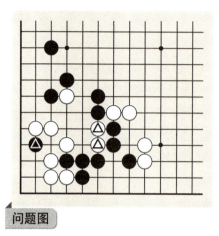

问题图

黑先。黑▲一子深入白阵中并非是去送死,其目的是要吃掉白△二子。那么请问黑棋应如何下?如果大家已解出前面的问题,本题会很简单。

问题 76 ▶▶

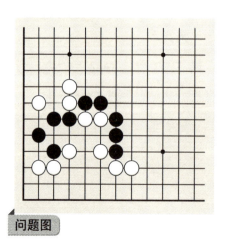

问题图

黑先。本题同样是对前一手法的应用,那么请问黑棋应如何下?

问题 75 解说

图 1　正解

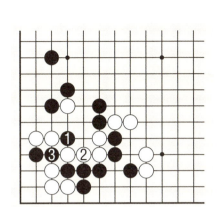

图 1　正解

黑 1 嵌是正确的下法，白 2 如果连接，黑 3 打吃，即可简单吃住白棋。

图 2　变化 1

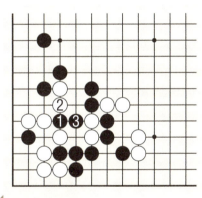

图 2　变化 1

黑 1 时，白 2 如果打吃，黑 3 也打吃，同样可以吃住白棋。

图 3　变化 2

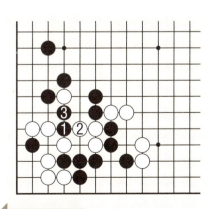

图 3　变化 2

黑 1 时，白 2 打吃毫无作用，黑 3 应后，白棋无后续手段。

问题76 解说

图1 正解

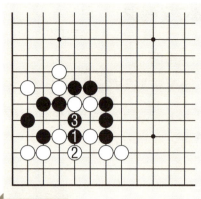

图1 正解

黑1挖是手筋,白2时,黑3打吃,白二子接不归。

图2 变化

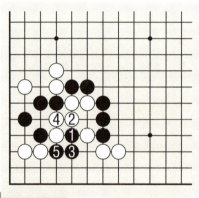

图2 变化

黑1时,白2如果打吃,黑3可以长,至黑5,白棋的两个断点不可能同时连接。

图3 失败

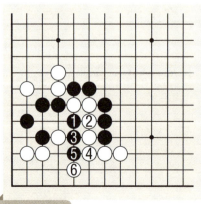

图3 失败

黑1、3打冲,但白4连接,其后黑5时,白6可以扳过,黑棋无后续手段。

问题 77

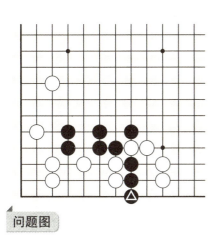

问题图

黑先。本题的棋形在很多场合都可能看到。有黑▲下立这个子存在，黑棋如何下才能切断白棋的联络？

问题 78

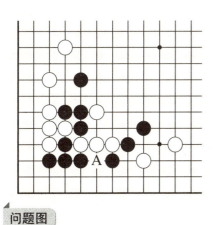

问题图

黑先。本题对中级水平的爱好得来说有些困难，A位的空白是妙味所在。请问黑棋应如何下？

问题 77 解说

图 1 　正解

黑 1 托是手筋。本题是对之前问题的复习。

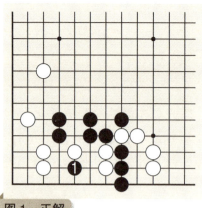
图 1　正解

图 2　正解继续

黑托时，白 1 连接，其后黑 2 断，白 3 时，黑 4 尖又是之前曾出现过的手筋。

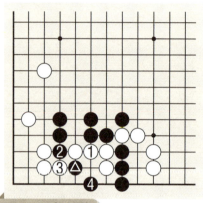
图 2　正解继续

图 3　变化

黑 1 托时，白 2 如果连接，黑 3 冲即可，其后白 4 断，黑 5 可直接打吃。

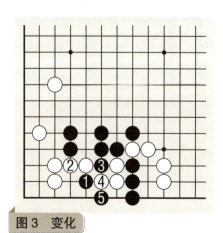
图 3　变化

问题 78 解说

图 1 正解

黑1夹是手筋，白2如果连接，黑3则挡。如果仅仅考虑到这一变化，应该说非常简单。但问题是对白棋抵抗手段的预见及其对应手段，需要非常精确的计算。

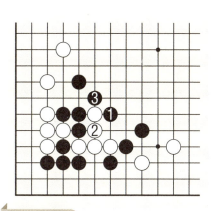

图 1 正解

图 2 变化

黑1时，白2如果冲，其后白4、6进行反击，则黑7下立是手筋，白8时，黑9打吃，其后黑11扑，以下黑棋开始收气，结果白棋被吃。

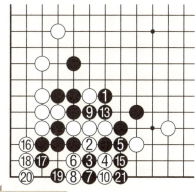

图 2 变化　⑪⑭=❸　⑫=❼

图 3 失败

黑1、3如果冲断，白4、6后，白棋可以逃脱。

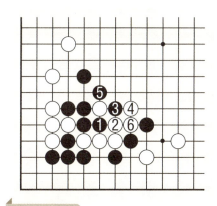

图 3 失败

问题 79

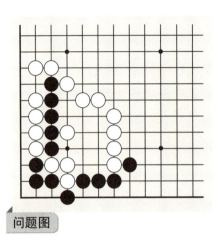

问题图

黑先。本题中黑棋应如何利用切断白棋而进行自身联络？最好能在逃脱黑五子的同时又有所收获。

问题 80

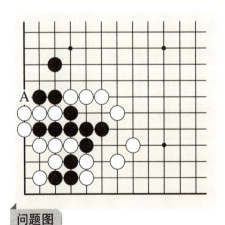

问题图

黑先。黑棋如果从 A 位打吃白棋，结果白棋是典型的有眼杀无眼，黑棋自然被吃。但在本题中，黑棋存在能救出中腹黑子的手筋。请问黑棋应如何下？

问题 79 解说

图 1 正解

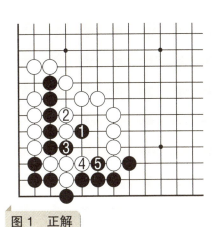

图 1 正解

黑1夹是手筋，有了这手棋，白棋已无法动弹。白2如果长，黑3打吃，至黑5，可以吃住白棋。

图 2 变化

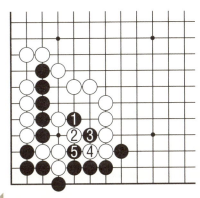

图 2 变化

黑1夹时，白2如果尖，黑3挖则又是准备好的手段，白4时，黑5打吃，白三子无法逃脱。

图 3 失败

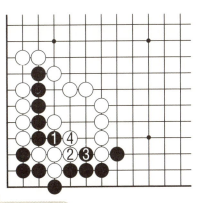

图 3 失败

黑1冲吃，白2应后，黑棋无后续手段。

问题 80 解说

图 1 正解

黑 1 夹是必须熟记的手筋，其后白 2 时，黑 3 扑，白 4 提子，黑 5 则可吃白接不归。其中白 2 如果在 A 位下立，黑棋则在 5 位打吃，白棋如在 3 位连接，黑棋可以倒扑白子。

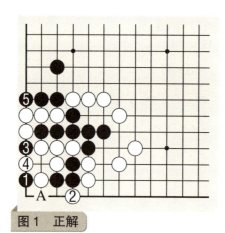

图 1 正解

图 2 变化

黑 1 时，白 2 如果挡住，黑棋可在 A 位打吃，也可以在 3 位开劫。

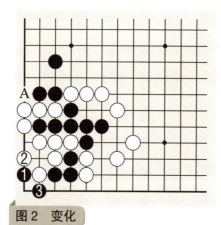

图 2 变化

图 3 失败

黑 1 如果扳，白 2 下立后，将下成白棋有眼杀无眼的棋形。

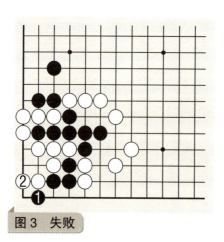

图 3 失败

问题 81

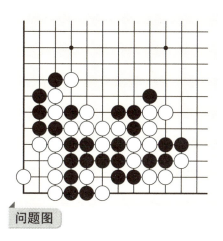

问题图

黑先。黑白双方在角上展开了激烈的攻杀,下边黑棋虽然可以活,但其他黑子就不好说了。请问黑棋面对这一形势,应该如何下?

问题 82

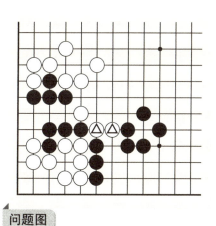

问题图

黑先。左边的黑棋要想活,只有在白△二子身上打主意。那么请问黑棋应如何下?

问题 81 解说

图 1 正解

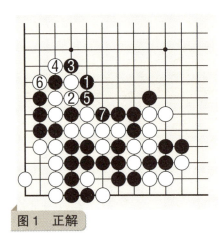

图 1 正解

如果大家对棋形的急所比较熟悉，则不难发现黑 1 的手筋。白 2 如果提子，黑 3 是致命一击，白 4、6 再提黑棋一子时，黑 7 打吃，白棋接不归。

图 2 变化

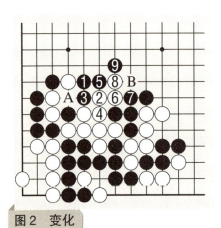

图 2 变化

黑 1 时，白 2 逃跑，准备弃去左侧一块白棋，但黑 3 以下至黑 9 可以征吃白棋。其后白 A 如果提子，黑 B 打吃即可。

图 3 失败

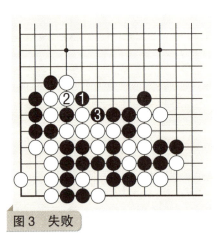

图 3 失败

黑 1 打吃，似是眼见的下法，但白 2 提子，其后黑 3 打吃，白棋可以连接，黑棋失败。

问题 82 解说

图 1 正解

黑 1 点是手筋。白 2 连接时，黑 3、5 后，白三子被吃。

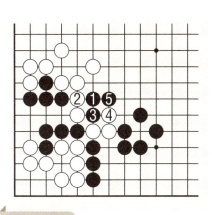

图 1 正解

图 2 变化

黑 1 时，白 2 如果连接，黑 3 以下至黑 7 出头，白棋反而受攻。

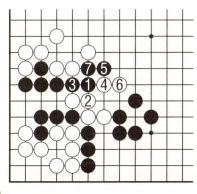

图 2 变化

图 3 失败

黑 1 先断，白 2、4 后，黑棋失败。

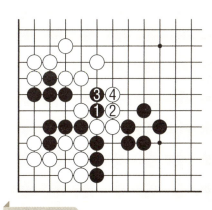

图 3 失败

问题 83

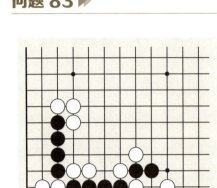

问题图

黑先。下边的黑棋如果要逃出，将影响左边的黑棋。目前唯一的生路是攻击白棋的弱点。那么请问黑棋应如何下？

问题 84

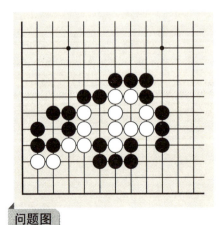

问题图

黑先。实战中如果碰到这一棋形，很多中级水平的棋手都会轻易认为白棋已活。但实际上只要黑棋能巧妙地利用次序，完全可以吃住白棋。那么请问黑棋应如何下？本题属于高级问题。

问题83解说

图1 正解

黑1刺是手筋，其后黑棋在2位或3位中必居其一，黑棋可以成功。

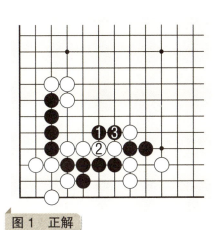

图1 正解

图2 变化

黑1时，白2如果连接，黑3连接后，左侧白二子已不可能逃脱。

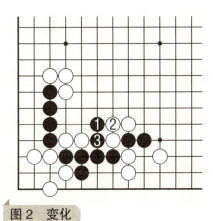

图2 变化

图3 失败

黑1冲，在心情上或许可以理解，但白2或白A应后，黑棋左边数子被吃。

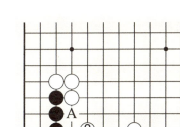

图3 失败

问题84 解说

图1 正解

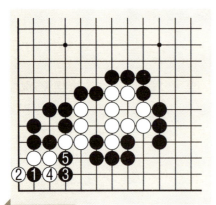

图1 正解

黑1先夹，其后利用黑1作为跳板，黑3点是巧妙的下法。白4时，黑5断，白棋只有部分可活。其中白4如果下在5位，黑棋下在4位连接后，白棋整体不活。

图2 变化

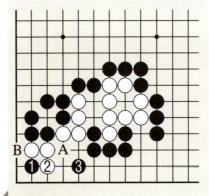

图2 变化

黑1时，白2如果后退，黑3尖是急所，其后黑棋可以在A位断或B位渡过中居其一。

图3 失败

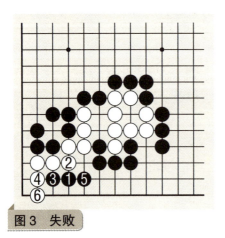

图3 失败

黑1点虽是大家熟悉的位置，但白2连接，黑3时，白4挡，其后白棋只要在5位或6位中居其一即可活。

问题 85

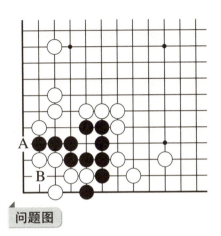

问题图

黑先。本题中黑棋如要摆脱死亡的境地，必须对角上白棋有所行动。但角上白棋看起来只要在 A 位或 B 位中居其一就可以活。事实是否如此？黑棋又应如何下？

问题 85 解说

图 1　正解

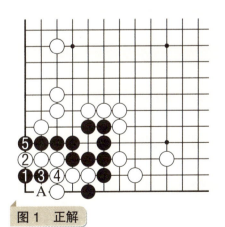

图 1　正解

黑 1 点是妙手，白 2 时，黑 3 破眼，白 4 必须连接，此时黑 5 可以挡，结果黑棋可以吃住白棋。如白 2 下在 5 位，黑可在 2 位打吃，之后在 A 位做倒扑，形成有眼杀无眼。实战中黑 1、3 后，白 4 应下在 5 位以减少损失。

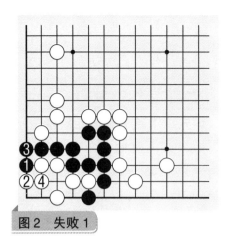

图2 失败1

图2 失败1

黑1、3扳接,白2、4应对,结果白角已活。

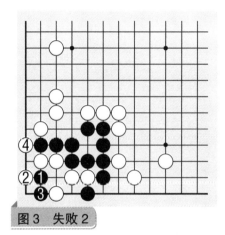

图3 失败2

图3 失败2

一般中级水平的爱好者很可能会考虑黑1破眼的下法,但由于白2是先手,结果黑棋失败。

第3章

腾挪、治孤

问题 86 ▶

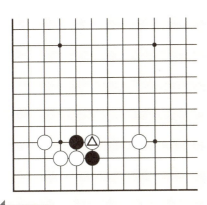

问题图

黑先。本题是小目高挂定式中，白托退后黑脱先，于是白△断的棋形。目前局部的形势是黑棋处于绝对劣势，那么请问黑棋在此应如何下？其腾挪的手筋又是什么？本题是碰的手筋的运用。

问题 87 ▶

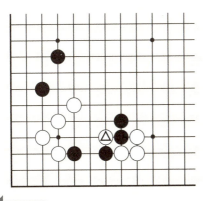

问题图

黑先。本题是布局阶段经常出现的棋形。白△断，看起来攻势强烈，实际上是白棋无理。请问此时黑棋应如何下？本题是封的手筋的运用。

问题 86 解说

图 1 正解

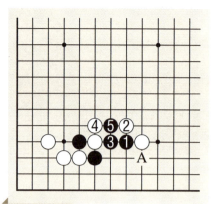

图 1 正解

黑 1 碰是著名的手筋，白 2 如果强扳，黑 3、5 则可以冲断。其中白 2 如果下在 4 位长，黑棋则可以考虑在 A 位扳。

图 2 变化

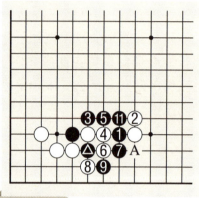

图 2 变化　⑩=△

黑 1 靠时，白 2 或白 A 应，看似很有效果，但黑 3 打吃可以成立，以下进行至黑 11，白棋被压缩，而黑棋却获得铁壁般的外势。

图 3 参考

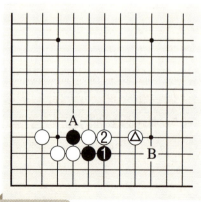

图 3 参考

在没有白△子的情况下，黑 1 退，等白 A 补棋后，黑棋则可以考虑下在 A 位或者白△的位置。但由于白△子的存在，黑 1 时，白 2 可以压。

问题 87 解说

图 1 正解

黑 1 封是手筋，后续变化见图 2。

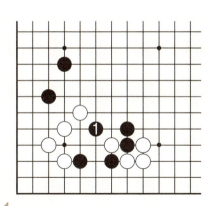

图 1 正解

图 2 正解继续

白 1 打，以下的进行，白棋不知不觉陷入了黑棋设计好的陷阱。黑 2 下立非常重要，以下至黑 10，黑似铁壁一般，而白角非常薄弱，黑棋大获成功。

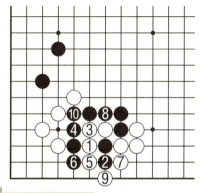

图 2 正解继续

图 3 失败

黑 1 直接打吃是在帮白棋走棋，是典型的俗手。黑棋如此行棋，将无法取得胜利。

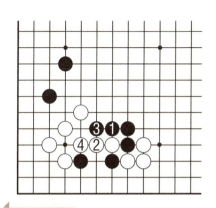

图 3 失败

问题 88

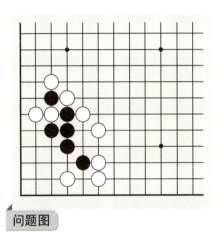

问题图

黑先。本题是定式派生出的棋形，黑棋虽已被白棋包围，但却可冲破白棋的包围圈。那么请问黑棋应如何下？本题是挖的手筋的运用。

问题 89

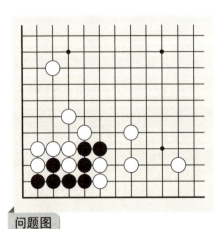

问题图

黑先。本题中的黑棋大龙只有角上一只眼，要活棋，只有向外发展。那么请问黑棋应如何下？本题同样是挖的手筋的运用。

问题88解说

图1 正解

黑1先挖,观察白棋的动静。白2若挡,则黑3断打,白4连接。后续变化见图2。

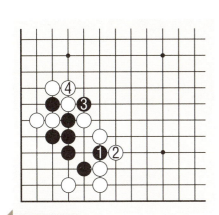

图1 正解

图2 正解继续

黑1、3两打,白棋面临被倒扑的命运。由此也可以看出正解中黑1挖的理由。

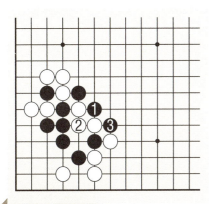

图2 正解继续

图3 变化

黑1挖时,白2如果退,黑3冲出,黑棋同样成功。

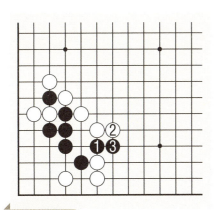

图3 变化

问题89解说

图1 正解

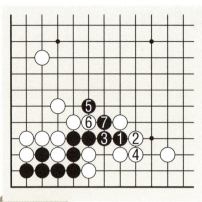

图1 正解

黑1挖,对初学者来说难以想象,白2挡时,黑3连接,白4连接时,黑5可以出头。

图2 变化

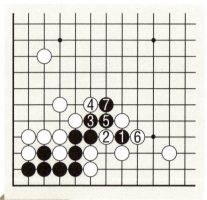

图2 变化

黑1时,白2如果打吃,黑3以下至黑7可以出头。

图3 失败

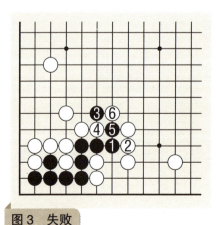

图3 失败

黑1长,白2挡,黑3单跳,白4、6后,黑棋被封锁。

问题 90

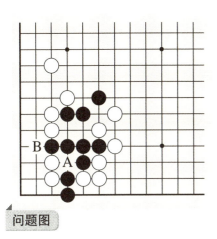

问题图

黑先。本题是"双飞燕"定式中，高手对对手穷追猛打的棋形。白棋在 A 位或 B 位中必居其一，故黑棋现在已危机四伏。那么请问黑棋如何下才能摆脱目前的危机？本题是靠的手筋的运用。

问题 91

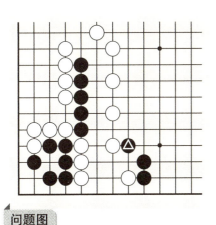

问题图

黑先。中间黑五子已处于绝境，但由于有黑▲子的存在，黑棋可以巧渡难关。请问黑棋应如何下？本题是挖的手筋的运用。

问题 90 解说

图 1 正解

黑 1 靠是手筋，由此可以同时照顾到两处要点，而巧渡危机。以下至黑 5，白棋在 A 位或 B 位下子都会被吃。

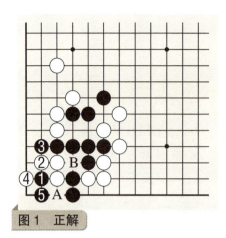

图 1 正解

图 2 变化

黑 1、白 2、黑 3 时，白 4 如果扳，黑 5 下立非常重要，至黑 7，可吃住白棋。黑 5 如下 7 位，白 5 位打吃，黑 6 位应，白 A 断开劫可以成立。另外黑 5 如下在 A 位，白下 6 位，黑 5 位下立时，白 B 断可以成立。

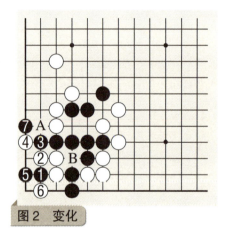

图 2 变化

图 3 失败

黑 1 连接过于软弱，白 2 渡过，黑棋将处于无根的状态。其后黑 3 时，白 4 打吃即可。

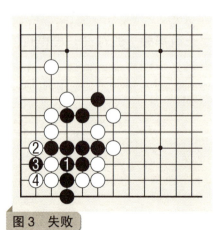

图 3 失败

问题 91 解说

图 1 正解

黑1挖是妙着，白2时，黑3可以连接，其后黑棋在4位或5位中必居其一。

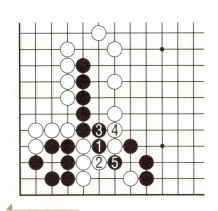

图 1 正解

图 2 变化

黑1时，白2退不可思议，黑3断后，白棋的气不够。

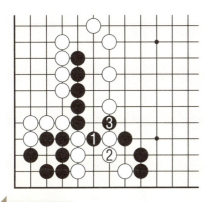

图 2 变化

图 3 失败

黑1、3如果试图冲出，但白2、4应后，黑棋无法摆脱困境。

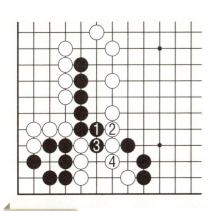

图 3 失败

问题 92

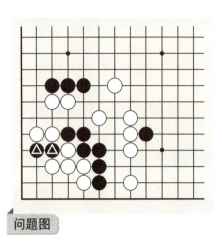

问题图

黑先。黑棋应充分利用已被吃住的黑▲二子，救出下边黑六子。那么请问黑棋应如何下？本题也是挖的手筋的运用。

问题 93

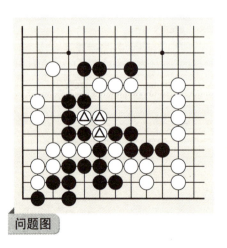

问题图

黑先。黑白双方展开了白刃战，黑棋只有吃住中央的三个白▲子，才能使几块棋连成一体。请问黑棋应如何下？本题是对点的手筋的运用。

问题 92 解说

图 1 正解

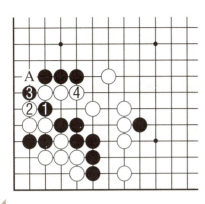

图 1 正解

黑 1 挖，白 2 时，黑 3 是连贯的手段。白 4 必须长，如果下在 A 位断打，黑棋在 4 位打吃便可联络。后续变化见图 2。

图 2 正解继续

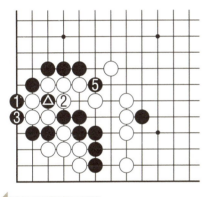

图 2 正解继续　④=△

黑 1、3 滚打，然后黑 5 打，黑棋成功。

图 3 失败

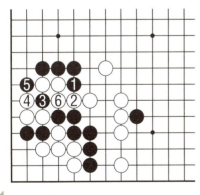

图 3 失败

黑 1 冲与白 2 交换次序错误，其后黑 3、5 挖断时，白 6 连接即可。

问题93 解说

图1 正解

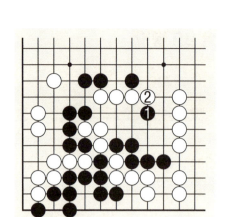

图1 正解

黑1点是出乎意料的妙手，不易想到。白2应，后续变化见图2。

图2 正解继续

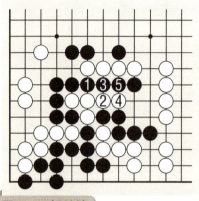

图2 正解继续

黑1打吃可以成立。白2、4若逃跑，只能死得更多。

图3 变化

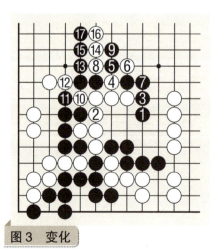

图3 变化

黑1时，白2如果连接，黑3挡是唯一的一手。其后白4冲，白6断，以下进行至黑17，白棋与黑棋对杀失败。

第4章

官 子

问题 94

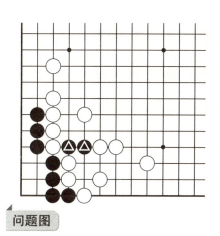

问题图

黑先。从本题开始，我们将考察大家在对方阵营中生事的能力。黑棋在本题中应如何下才能救出黑▲二子并且反过来吃住白棋？

问题 95

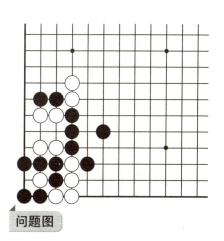

问题图

黑先。角上黑棋看起来已死定了，但实际上这里却存在着巧妙次序可以使黑棋挽回损失。请问黑棋如何下才是正确的？

问题 94 解说

图 1　正解

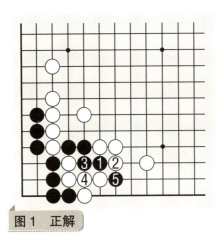
图 1　正解

黑 1 挖是手筋，白棋不好应。白 2 如果挡，黑 3 连接，白 4 如果连接，黑 5 则可二路吃。

图 2　变化

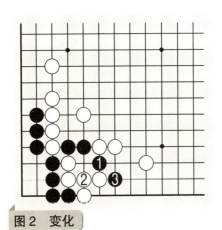
图 2　变化

黑 1 时，白 2 如果连接，则黑 3 扳，黑棋同样可以成功。

图 3　失败

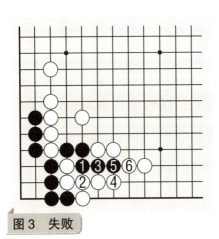
图 3　失败

黑 1、3 冲是错棋，白 2 连接，白 4 退后，黑棋逃不掉。

问题 95 解说

图 1 正解

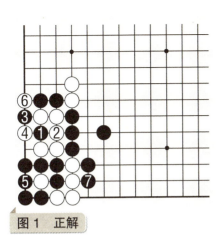

图 1 正解

黑 1 挖是诱使白棋走向死亡的手筋，白 2 应时，黑 3 扳是连贯的手段。白 4 提子，黑 5、7 后，黑棋可以吃住另一侧的四个白子。

图 2 变化

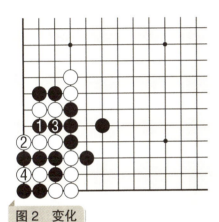

图 2 变化

黑 1 挖时，白 2 只能紧气，黑 3 连接后，黑棋可以吃住白二子。

图 3 失败

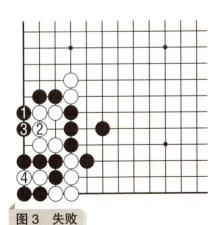

图 3 失败

黑 1 如果先扳，白 2 连接是好棋，黑 3 爬时，白 4 提子，黑棋失败。

问题 96

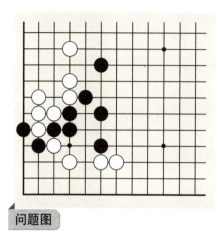

问题图

黑先。白棋的棋形不佳，黑棋在角上肯定还有棋，那么请问黑棋应如何下？本题是挖和滚打手筋的混合应用。

问题 97

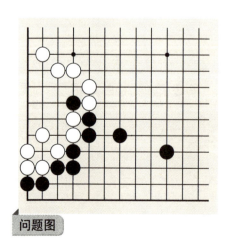

问题图

黑先。白阵看起来完美无缺，但实际上仍然有棋可下。那么请问黑棋如何下才是正确的？请大家注意双的地方往往是急所。

问题96 解说

图1 正解

黑1挖问白棋的应手是要领,白2如果挡,后续变化见图2。

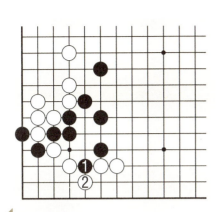

图1 正解

图2 正解继续

黑1以下至黑5滚打,然后黑7虎。接下来白棋如打吃黑3一子,黑棋可以做劫。

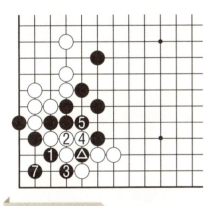

图2 正解继续

图3 失败

黑1、3只不过是小官子,至黑5,黑所得不能令人满意。

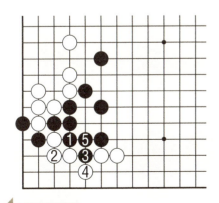

图3 失败

问题97 解说

图1 正解

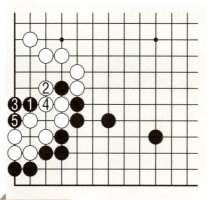

图1 正解

黑1靠的位置就是白棋双的位置，因而黑1是急所。白2时，黑3下立又是绝妙的下法。白4只好连接，其后黑5打吃，白棋接不归。

图2 变化

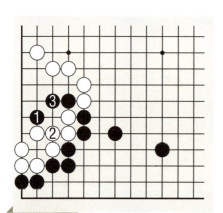

图2 变化

黑1时，白2如果连接，黑3长后，白棋的损失更大。因此白棋选择正解的进行很明智。

图3 失败

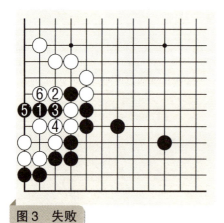

图3 失败

黑1、白2时，黑3打吃操之过急，白4连接，黑5再下立，白6后黑棋反而不能入气。因此正确掌握手筋固然重要，但行棋的次序也同样重要。

问题 98

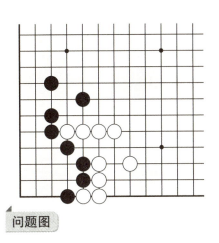

问题图

黑先。黑棋在角上还须补一手棋,虽然看起来事情很小,但这手棋也不能补错。请问黑棋应如何补?

问题 99

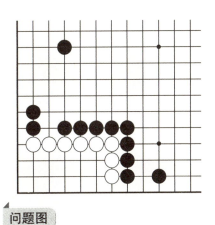

问题图

黑先。黑棋可在两侧先手扳接,但先后次序非常重要。请问黑棋应如何下?

问题98 解说

图1 正解

黑1连接是正确的补法,其后黑棋不用再补棋了。

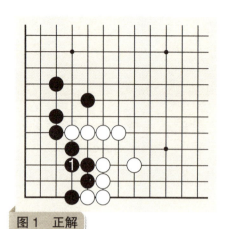

图1 正解

图2 失败

黑1连接,白2时,黑棋还须补棋。如不补棋,后续变化见图3。

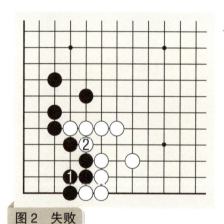

图2 失败

图3 失败继续

白1、3两手,黑棋就被吃住,黑大损。

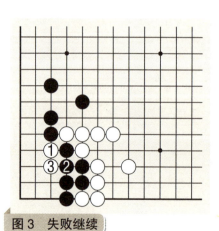

图3 失败继续

问题 99 解说

图 1　正解

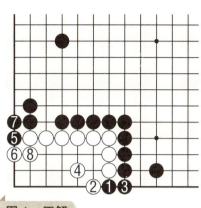

图 1　正解

黑 1、3 首先扳接后，黑 5、7 再扳接，黑两侧先手扳接都走到。

图 2　变化

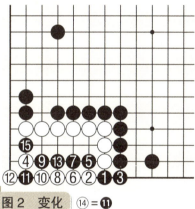

图 2　变化　⑭ = ⑪

黑 1、3 时，白 4 的补棋法不能成立，以下至白 10，黑 11 可以扑。

图 3　失败

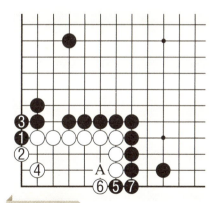

图 3　失败

黑 1、3 先在左侧扳接，白 2、4 应后，黑 5、7 的扳接不是先手，其原因是黑 A 断打不成立。

问题 100

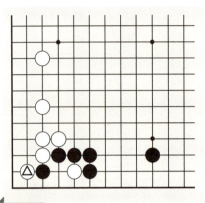

问题图

黑先。白△扳时，黑棋如何下才能先手补角？

问题 101

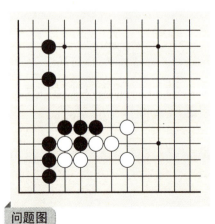

问题图

黑先。黑棋压缩白地的方法虽然很多，但请问黑棋的最佳方法是什么？

问题 100 解说

图 1 正解

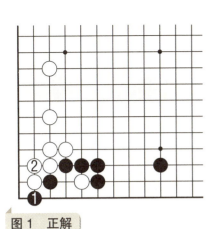

图 1 正解

黑 1 连扳，可以争得先手。

图 2 变化

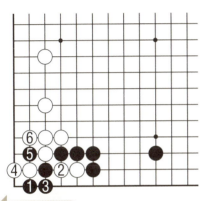

黑 1 时，白 2 打并不可怕，黑 3 连接即可。白 4 时，黑 5 断是要领，黑棋仍是先手。

图 3 失败

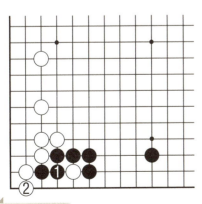

黑 1 连接是后手，白 2 可下立，也可以脱先。黑 1 连接后，白棋如果脱先，黑棋以后不过是在 2 位扳，但与正解相比，黑差一手棋。

问题 101 解说

图 1 正解

黑1夹是手筋，也是最佳下法。以下至黑7可以先手收官。

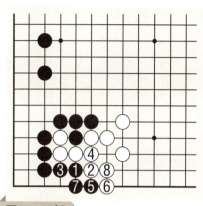
图1 正解

图 2 失败 1

黑1拐，其后黑3扳，以下至白8，与正解相比，黑损2目。

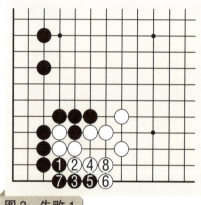
图2 失败1

图 3 失败 2

黑1大飞，以下至黑7，结果还原成图2的进行，与正解相比，黑棋仍损2目。

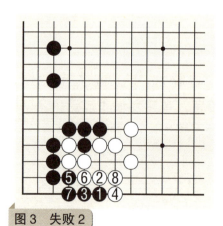
图3 失败2

问题 102

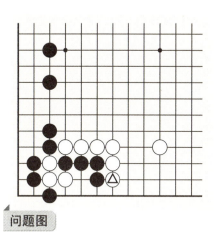

问题图

黑先。白△挡时，黑棋必须吃住角上白三子。那么请问黑棋如何下才是最高效的？

问题 103

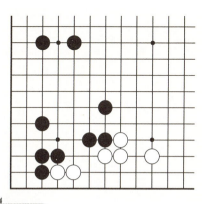

问题图

黑先。本题是实战中经常出现的棋形。黑棋如何下才能干净利落地处理角地？

问题102 解说

图1 正解

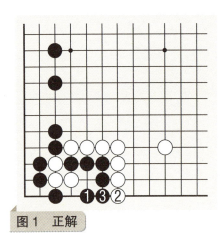
图1 正解

黑1尖是正确的下法,白2时,黑3补棋即可。

图2 失败1

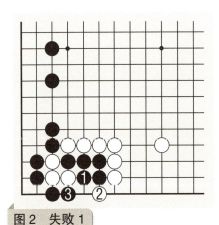
图2 失败1

黑1打是初学者最易考虑的下法,但与正解相比,黑损2目。

图3 失败2

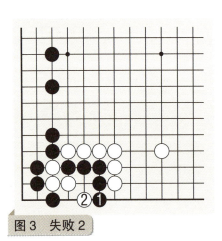
图3 失败2

黑1下立,被白2尖后,结果黑棋反而被吃。本题充分说明了"敌之要点即我之要点"的围棋原理。

问题 103 解说

图 1　正解

黑1跨是正确的下法，其后黑3、5先手，黑棋可以干净利落地处理角地。

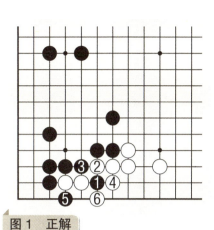

图1　正解

图 2　失败

黑1压，白2退后，A位的先手属于白方，黑棋失败。

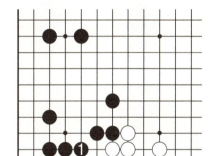

图2　失败

图 3　参考

黑1时，白2如果顶住，黑3扳后，棋形虽与正解相同，但实际上存在细微的差别。

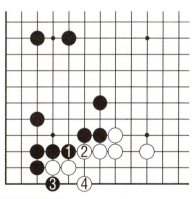

图3　参考

问题 104

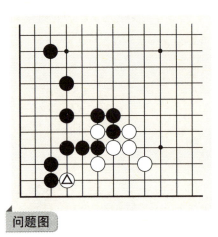

问题图

黑先。黑棋如要吃白△一子非常容易，但黑棋最佳的吃法是什么？本题是对夹的手筋的应用。

问题 105

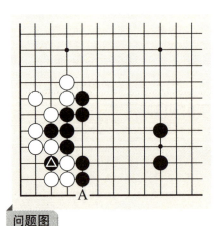

问题图

黑先。黑棋如果不马上利用黑△一子，则白有Ａ位扳接的先手。那么请问黑棋防止白Ａ先手扳接的手段是什么？

问题104 解说

图1 正解

黑1夹是正确的下法，白2时，黑3、5可以最大范围地吃住白△一子。其中黑5如果下在6位长，白棋下在5位，以后黑A、白B，这样下不如正解厚实。

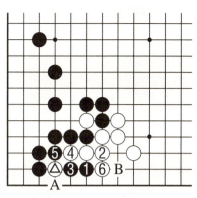

图1 正解

图2 变化

黑1时，白2如果反击，黑3后，又还原成正解的进行。由此也可以感受到黑1的威力。

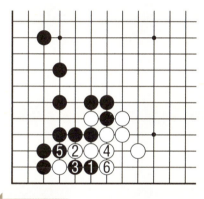

图2 变化

图3 失败

黑1夹虽然也可吃住白一子，但明显损了。

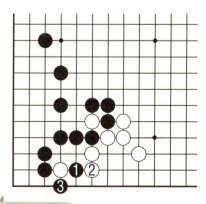

图3 失败

问题 105 解说

图 1　正解

黑 1 扳是正确答案，白 2 时，黑 3、5 是要领，黑可先手剥夺白在一路扳接的先手权利。

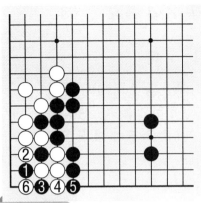
图 1　正解

图 2　变化

黑 1 时，白 2 如果扳，黑 A 后，白损。

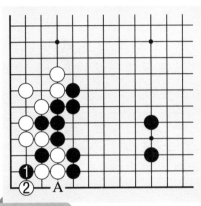
图 2　变化

图 3　失败

黑 1、3 扳接是先手，与正解相比，黑棋仅有 1 目的便宜。

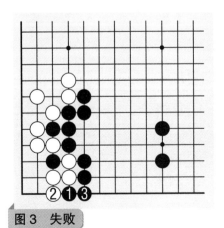
图 3　失败

问题 106

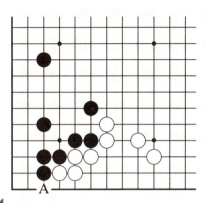

问题图

黑先。白A扳接是先手,那么请问黑棋若在这里行棋的话应如何下?

问题 107

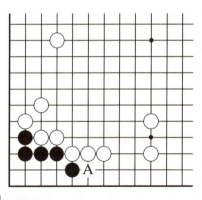

问题图

黑先。白A挡是先手,那么请问黑棋的有效收官方法是什么?

问题 106 解说

图 1 正解

黑 1 下立是本手，黑棋虽然是后手，但白棋如果不应，黑棋有后续手段。

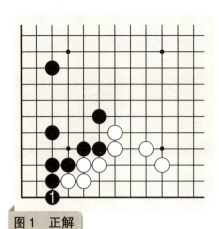

图 1 正解

图 2 正解继续

正解中所说的后续手段是指黑 1、白 2 后，黑 3 连接是先手。这正是黑△下立所发挥的作用，即所谓的"后手先"。

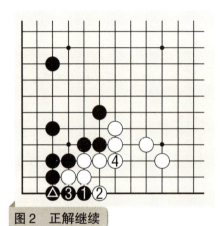

图 2 正解继续

图 3 失败

很多中级水平的爱好者很可能在不经意之间下出黑 1、3 的扳接，实际上是个错误，消除了后续手段。

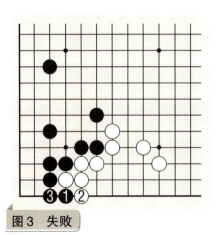

图 3 失败

问题 107 解说

图 1　正解

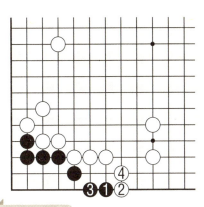

图 1　正解

黑1飞是正确的下法，白2是本手，以下黑3、白4，黑棋可以先手获取利益。

图 2　变化

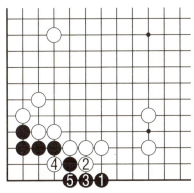

图 2　变化

黑1时，白2如果弯，黑3可以退，其后白4打吃，黑5连接即可。

图 3　失败

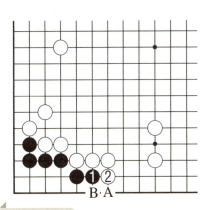

图 3　失败

很多人会满足于黑1爬的先手收官，但白2挡后，黑A扳不是先手，而白B扳却是先手。与正解相比，黑损2目。

问题 108

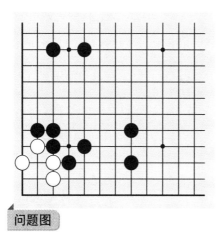

问题图

黑先。本题是实战中经常出现的棋形。针对这一棋形，黑棋收官的最佳次序是什么？

问题 109

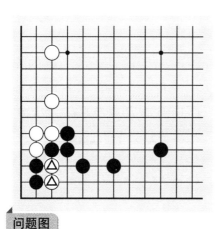

问题图

黑先。黑棋必须吃住白△二子，但吃的方法不同，黑棋所得的目数也不同。那么请问黑棋如何下最佳？

问题 108 解说

图 1 正解

黑1下立，白2时，黑3单跳，这是黑棋的正确收官次序，白角只有2目棋。

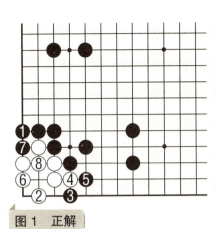

图 1 正解

图 2 失败 1

很多爱好者常会下出黑1挡，以下进行至白4，白棋可得4目，而且A位的扳接仍是白棋的权利，黑不满。

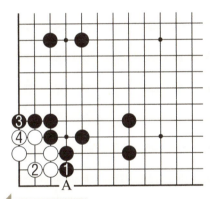

图 2 失败 1

图 3 失败 2

黑1、白2时，黑3挡错误，白棋虽也只有2目棋，但其后白A扳时，黑B必须后退，这是与正解的差别。

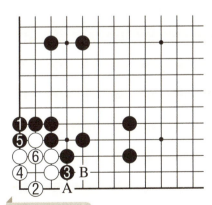

图 3 失败 2

问题 109 解说

图 1　正解

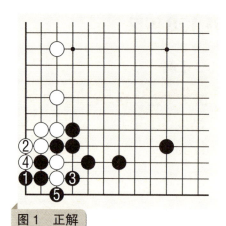

图 1　正解

黑 1 曲下成空三角的棋形，是黑棋的最佳下法。白 2、4 时，黑 3、5 即可。

图 2　失败 1

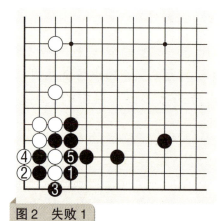

图 2　失败 1

黑 1 收气时，白 2 是手筋，以下进行至黑 5，与正解相比，黑损 3 目。

图 3　失败 2

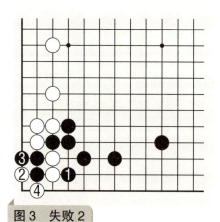

图 3　失败 2

黑 1、白 2 时，黑 3 如果打吃，白 4 可以做劫。可见 2 位是双方必争的急所。

问题 110

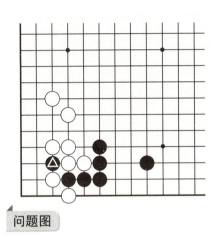

问题图

黑先。黑棋如何利用已被吃住的黑△一子而在官子上有所收获呢?

问题 111

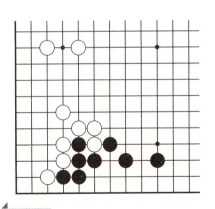

问题图

黑先。本题是星位压长定式后出现的棋形,白棋如不在角上补一手棋,黑棋将有很大收获。请问黑棋如何下才是正确的?

问题 110 解说

图 1　正解

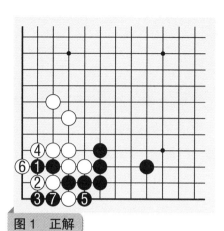

图 1　正解

黑 1 下立巧妙，白 2 时，黑 3 可以靠，白 4 打吃，以下至黑 7，黑棋获利。其中白 4 如果下在 7 位连接，双方将下成打劫。

图 2　失败 1

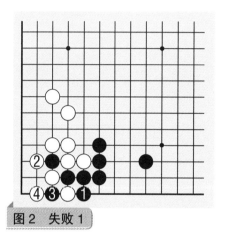

图 2　失败 1

黑 1 时，白 2 提子，黑 3 提子，白 4 挡住，黑棋失败。

图 3　失败 2

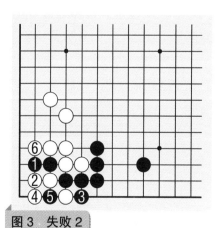

图 3　失败 2

黑 1 下立，其后黑 3 打吃错误，白棋虽不能在 5 位连接，但白 4 可以弯，至白 6，黑损。

问题 111 解说

图 1 正解

黑1夹正确,以下至白4,黑棋收获很大。

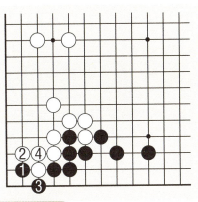

图 1 正解

图 2 变化

黑1时,白2下立无理,黑3断后,白棋将要出大问题。以下至黑7,白大损。

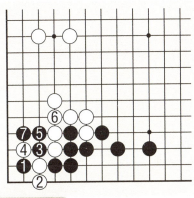

图 2 变化

图 3 失败

黑1扳是俗手,白2退,其后谁能抢占A位尚不得而知。

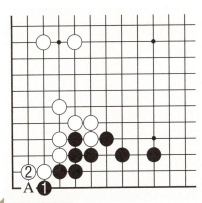

图 3 失败

问题 112

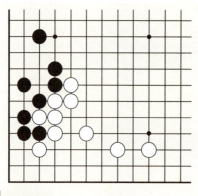

问题图

黑先。本题也是星位压长定式后出现的棋形。黑棋最大限度地进行收官的方法是什么？

问题 113

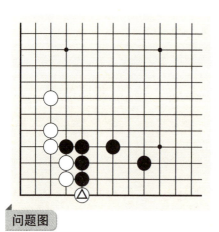

问题图

黑先。白△扳时，黑棋如果并不是单单考虑挡，很可能棋力已经提高了。那么请问黑棋应如何利用白棋的弱点来进行收官？

问题 112 解说

图 1　正解

黑1夹是手筋，白2虽进行抵抗，黑3以下至白8进行后，黑棋收获很大。不过黑棋也应该注意黑7如果下在8位扳，白棋有在7位扑的下法。

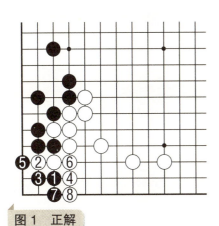

图 1　正解

图 2　变化

黑1、3时，白4如果进行抵抗，黑5断，白棋不好应。

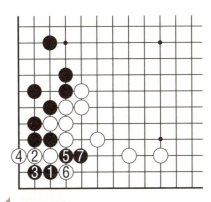

图 2　变化

图 3　失败

黑1、3的下法与正解相比差别很大。

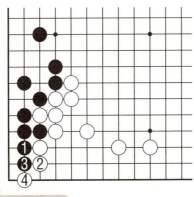

图 3　失败

问题113 解说

图1 正解

黑1断,其后黑3扑,接着黑5再退,是利用白棋弱点的正确次序,白棋已无法在A位行棋。

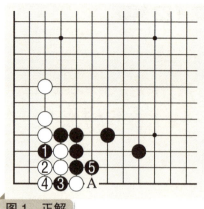

图1 正解

图2 正解继续

白1冲是自杀行为,以下至黑4,白棋损失极大。

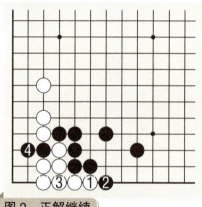

图2 正解继续

图3 失败

黑1、3定形,其后黑A断时,白B应,黑棋已讨不到任何便宜。

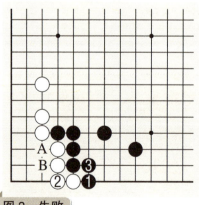

图3 失败

问题 114

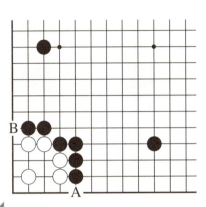

问题图

黑先。黑棋如果不下，白棋在A位和B位的扳接都是先手。那么请问黑棋如何下才能使自己能先手扳到？

问题 115

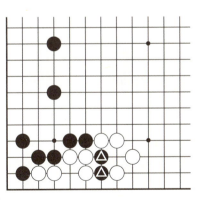

问题图

黑先。黑▲二子已被白棋吃住，但黑棋可以对黑▲子进行利用。那么请问黑棋如何下才是正确的？

问题 114 解说

图 1 正解

黑 1 断是极有意思的下法，围棋的妙味也正蕴藏于此。白 2 连接时，黑 3 打，结果可以先手扳到一侧。

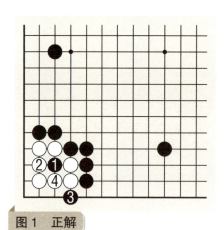

图 1 正解

图 2 变化

黑 1 时，白 2 如果打吃，黑 3 扳是先手，白 4 连接是绝对的。

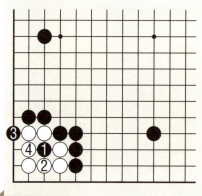

图 2 变化

图 3 失败

黑 1、3 扳接是后手，白 4、6 扳接是白棋的先手。结果黑棋后手。

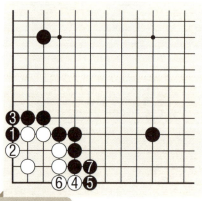

图 3 失败

问题 115 解说

图 1 正解

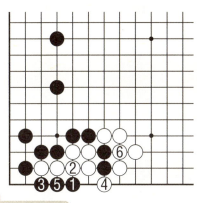

图 1 正解

黑 1 点正确，如能下出黑 1 这样的棋，则可说已具有相当的实力。白 2 连接，以下进行至黑 5，黑棋先手收官。

图 2 失败 1

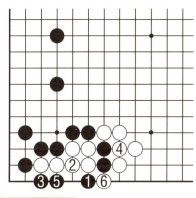

图 2 失败 1

黑 1 打吃，其后黑 3、5 扳爬，但与正解相比，黑损 2 目。

图 3 失败 2

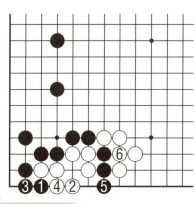

图 3 失败 2

黑 1 扳令人寒心，白 2 正确防守，至白 6，与正解相比，黑损 5 目。

问题 116

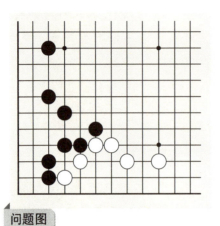

问题图

黑先。如能对白形进行分析，就可以看出急所所在。那么请问黑棋应如何利用白棋的弱点来收官？

问题 117

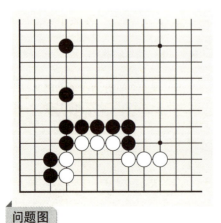

问题图

黑先。黑棋在白阵中肯定有棋可下，那么请问黑棋应如何下？只要黑棋能正确掌握要点，就可以充分享受收官的快乐。

问题 116 解说

图 1 正解

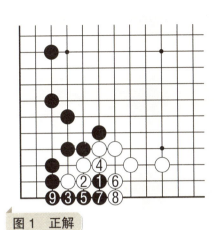

图 1 正解

黑 1 点明显可占便宜，白 2 试图抵抗，黑 3 是连贯的下法，白 4 必须连接，以下进行至黑 7，黑棋可以大破白棋实地。

图 2 变化

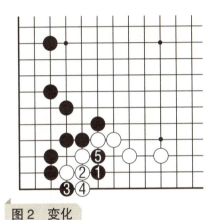

图 2 变化

黑 1、3 时，白 4 如试图抵抗，黑 5 可以断。

图 3 失败

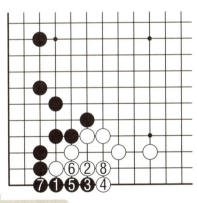

图 3 失败

黑 1 扳，白 2 必须补棋，但与正解相比，黑损 1 目。如果白 2 下在 5 位，黑棋可在 2 位点。另外白 2 如补在 6 位，黑棋则仍可下在 2 位。

问题 117 解说

图 1 正解

黑1点，可以大有收获。白2接，黑3扳是连贯的下法，白4挡，黑5连接时，白6也必须连接，此时黑7可以先手渡过。

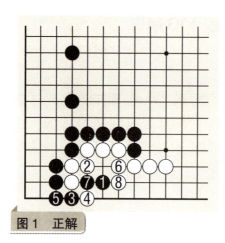

图1 正解

图 2 变化

正解中的白6如果下成本图中的白1，黑2、4可以倒扑吃白。

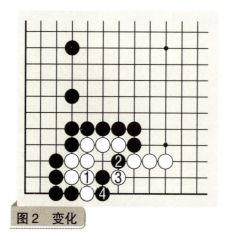

图2 变化

图 3 失败

黑1扳，白2应是好棋，以下进行至白8，与正解相比，黑损4目。

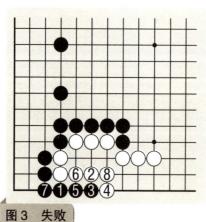

图3 失败

问题 118

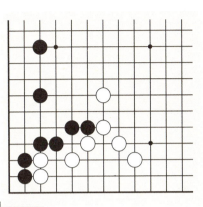

问题图

黑先。黑棋如果稍不小心，很可能会错过机会。那么请问黑棋如何下才是正确的？

问题 119

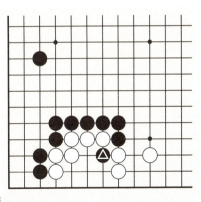

问题图

黑先。本题是前面出现问题的变形，也是对以前问题的复习。希望通过练习巩固大家的官子知识。

问题118 解说

图1 正解

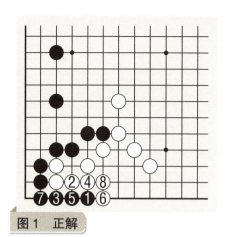
图1 正解

黑1很深地点入,白2虽是最顽强的抵抗,但黑3以下仍可简单联络。

图2 变化

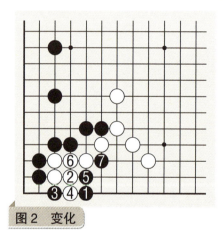
图2 变化

黑1、3时,白4断缺少计算,黑5、7连打可以成立。

图3 失败

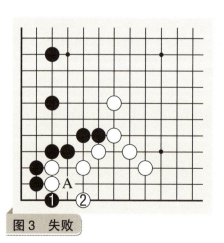
图3 失败

黑1扳或许过于天真,想让白A补棋,然后黑在2位跳入。但白2跳补是好棋,黑棋失败。

问题 119 解说

图 1　正解

本题是尖的手筋的应用。黑 1 尖，迫使白 2 应后，黑 3 再尖，黑棋可以渡过。

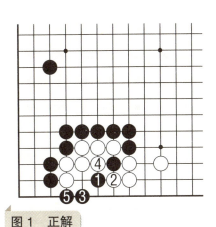

图 1　正解

图 2　失败 1

黑 1 扳，白 2 后白 4 补棋，与正解相比，黑损 6 目。

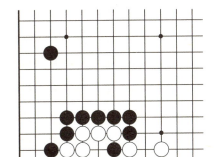

图 2　失败 1

图 3　失败 2

正解中的黑 3 如果下成本图中的黑 1 扳，其后黑 3 断是黑棋的错觉。过程中黑 7 虽是先手，但黑 9 不得不提子，而白 10 却可吃黑接不归。

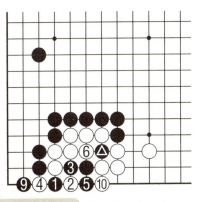

图 3　失败 2　❼=❶　⑧=△

问题 120

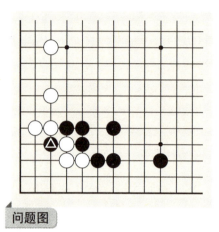

问题图

黑先。本问题也很典型,其中包含的手段常被应用。那么请问黑棋应如何下?

问题 121

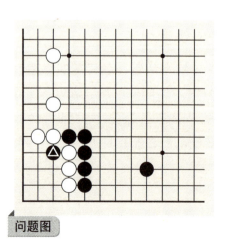

问题图

黑先。本题同样是一个有名的官子问题。请问黑棋应如何下?

问题120 解说

图1 正解

黑1跳是正确下法，白2时，黑3准备滚打，其后黑5扳，以下至白8是双方的最佳进行。

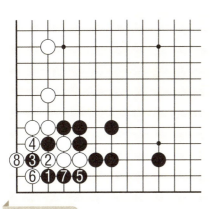

图1 正解

图2 变化

黑1以下至黑5进行后，白棋如果甘受实地的损失，而争取局部的先手，可以白6冲，以下至黑13必然。

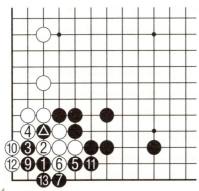

图2 变化 ⑧=▲

图3 失败

黑1扳，白2可以补棋，黑棋失败。白2如果下在3位挡，黑棋可在2位夹。

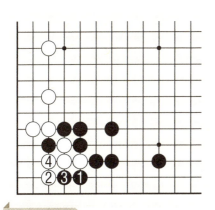

图3 失败

问题 121 解说

图 1　正解

黑 1 尖是正确的下法，白 2 时，黑 3 滚打是手筋，以下至黑 7 均是双方的最佳进行。

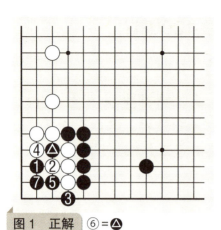

图 1　正解　⑥=△

图 2　变化

黑 1 时，白 2 试图抵抗，则黑 3 挖可以成立，白三子由于气太紧而被吃。

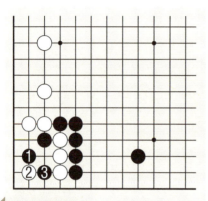

图 3　失败

黑 1 时，白 2 应是好棋，与正解相比，黑损 8 目。

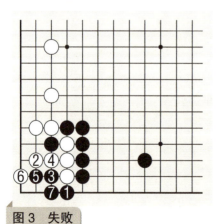

问题 122

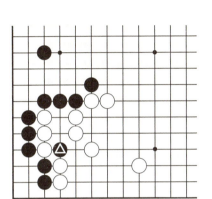

问题图

黑先。黑棋应如何利用黑❷一子来收官？本题是连扳手筋的运用。

问题 122 解说

图 1　正解

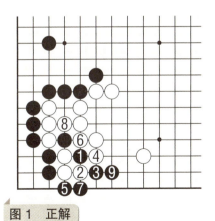

图 1　正解

黑 1、3 连扳是正确的下法，其后黑 5、7 滚打，黑棋可以成功地掏白空。

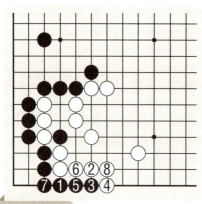

图2 失败

黑1扳时，白2跳应，黑3以下至黑7先手收官，但与正解相比差别很大。

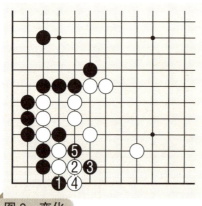

图3 变化

黑1时，白2如果退，黑3顶，白4若挡，黑5可以吃住白棋。

曹薰铉、李昌镐精讲围棋系列

第一辑

精讲围棋官子.官子计算
精讲围棋官子.官子手筋
精讲围棋官子.官子次序

第二辑

精讲围棋棋形.定式常型
精讲围棋棋形.棋形急所
精讲围棋棋形.手筋常型

第三辑

精讲围棋布局.布局基础
精讲围棋布局.布局技巧
精讲围棋布局.布局实战1
精讲围棋布局.布局实战2
精讲围棋布局.布局实战3

第四辑

精讲围棋定式.星定式
精讲围棋定式.小目定式
精讲围棋定式.目外高目三三定式
精讲围棋定式.定式选择
精讲围棋定式.定式活用

第五辑

精讲围棋对局技巧．基本技巧
精讲围棋对局技巧．接触战
精讲围棋对局技巧．实战对攻

第六辑

精讲围棋中盘技巧．打入与侵消
精讲围棋中盘技巧．攻击
精讲围棋中盘技巧．试应手

第七辑

精讲围棋手筋．1
精讲围棋手筋．2
精讲围棋手筋．3
精讲围棋手筋．4
精讲围棋手筋．5
精讲围棋手筋．6

第八辑

精讲围棋死活．1
精讲围棋死活．2
精讲围棋死活．3
精讲围棋死活．4
精讲围棋死活．5
精讲围棋死活．6